李学勤　罗哲文　俞伟超　曾宪通　彭卿云

王朝建立与巩固统治时期

李　默／主编

中华文明是人类历史上最伟大的文明之一，是人类文明发展的主要构成。中华文明丰富、深刻、辉煌、博大，在人类文明中的骨干作用和领导作用为人所共知。在人类文明的发源时期，中华文明就是四大古文明之一，是地球上文化的策源地之一。

广东旅游出版社
GUANGDONG TRAVEL & TOURISM PRESS
悦读书·悦旅行·悦享人生

中国·广州

图书在版编目（CIP）数据

王朝建立与巩固统治时期 / 李默主编 . — 广州：
广东旅游出版社 , 2013.1（2024.8 重印）
　ISBN 978-7-80766-464-2

　Ⅰ . ①王… Ⅱ . ①李… Ⅲ . ①中国历史—清前期—通
俗读物 Ⅳ . ① K249.09

中国版本图书馆 CIP 数据核字 (2012) 第 296853 号

出 版 人：刘志松
总 策 划：李 默
责任编辑：张晶晶　黎 娜
装帧设计：盛世书香工作室　腾飞文化
责任校对：李瑞苑
责任技编：冼志良

王朝建立与巩固统治时期
WANG CHAO JIAN LI YU GONG GU TONG ZHI SHI QI

广东旅游出版社出版发行
（广东省广州市荔湾区沙面北街 71 号首、二层）
邮编：510130
电话：020-87347732（总编室） 020-87348887（销售热线）
投稿邮箱：2026542779@qq.com
印刷：三河市嵩川印刷有限公司
　　　（河北省廊坊市三河市杨庄镇肖庄子村）
开本：650×920mm　16 开
字数：105 千字
印张：10
版次：2013 年 1 月第 1 版
印次：2024 年 8 月第 3 次印刷
定价：45.80 元

出版者识

　　《话说中华文明》是一部全景式图文并茂记录中国文明历史的大书。出版者穷数年之力，会集各方力量——专家、学者、编辑、学术顾问们，在浩如烟海的历史档案、资料、著作中，探珍问宝，追寻中华文明在悠悠历史长河中的灿烂之光。此书的出版，凝聚了编撰者的心血，学术顾问们的智慧。尤其是李学勤先生，亲自动笔写下了序言，更增加了本书沉甸甸的分量。

　　中华文明的历史充满了辉煌与苦难，成就和挫折。它的历史无处不在，决定着我们中国人今天的思想和感情。当今的中国和中国人是中华文明的历史造就的，是中华文明的历史的延伸，也是它的一个组成部分，中华文明的历史之河奔流到现在。

　　中华文明是人类历史上最伟大的文明之一，是人类文明发展的主要构成。中华文明丰富、深刻、辉煌、博大，在人类文明中的骨干作用和领导作用人所共知。在人类文明的发源时期，中国就是四大古国之一，是地球上文化的策源地之一。在人类文明的早期，中华文明成为文明在东方的支柱，公元前后200年间，人类的汉帝国与罗马帝国这两只铁手攫住了地球。在欧洲进入中世纪的时候，中华文明更成为人类文明最主要的领导，它的文明统治东亚，传遍世界。进入近代，中华文明处于自身的重压和西方的欺凌下，但中国人民的斗争史和奋起精神是人类文明历史中不可缺少的一页。

　　五千年的中华文明为人类贡献出了从思想家孔子到科学技术的四大发明、从唐诗宋词到长城运河的伟大创造，贡献出了从诸子百家到宋明理学，从商周铜器到明清文学的深刻内涵，也贡献出了从五霸七强到三国纷争、从文景之治到十大武功的辉煌历史。中华文明的历史绚烂多彩，在人类文明的历史长河中永放光芒。

　　中华文明也是人类历史上最独特的文明，没有哪一个文明像中华文明这样持久，这样统一一致。世界上其他文明不但互相交错，其创造者也都与高加索体质的人种有关，它们是姐妹文明。在人类历史中，只有中华文明才是独特的，它的创造者是中国土地上的中国人民，与其他任何地方的人民都没有关系，它的文化是统一一致的文化，可以不依赖于其他任何文明而生存，但中华文明也绝不是封闭的，它接受他人的文化，也承担自己对于人类的责任。

　　人类进入新世纪，中国的社会经济发展令世人瞩目。人们对于世界未来的政治和经济结构的估计无不以东亚和太平洋为中心，而尤以中国为重点。

　　经济起飞只是当代中国的一个方面，中国的精神文明的建设尤为刻不容缓。如果中国要自觉地发展中华文明，要有意识地使中国的发展具有世界意义，就必须发展强有力的精神文化，这样才能使中华文明的发展进入一个新的阶段，才能形成中国和中华文明的全面现代化。

而中国的精神文化的发展植根于中华文明的伟大传统之中。进入近代之后，在西方文化的冲击下，对于中国文化的价值产生大量的情绪化和激烈冲突的论调。"五四"运动打倒孔家店的口号具有冲破封建束缚的时代意义，对中国文化的发展有不容否认的正面意义，与文化虚无主义是完全不同的。文化虚无主义者否定中国传统文化，在现代化的旗帜下主张全盘西化；而复古主义则沉迷于中国文化的古董，走进反进步、反科学的泥潭。

历史的发展则超越了所有这些论点，产生这些论调的一百多年来的中国近代史已经结束。历史要求中国发展，要求中国走在全世界发展的前列。西化论和复古论都已过时，历史已经要求世界超越西方，中国可以承担起世界的命运，而中国的现实和世界的历史都说明，中国的使命在于它的发展前进，而非倒退。

中华文明走出迷惘的时代，我们这一代处在一个伟大而具有挑战的历史阶段。

总结历史、展望未来，这就是《话说中华文明》的意义和使命。我们创作《话说中华文明》，力求总结和回顾中华文明的全貌，在内容和形式上都开创一个新的局面。在内容结构上，既具有一定的深度，又具有相当的广博性，既有严谨、准确的学术价值，又有活泼、流畅的可读性。我们在本丛书内容纳了中华文明的各个方面，使它综合了大规模学术著作的系统性、严密性和普及读物的全面性、简易性，它既可作为大型工具书检索中华文明的各个成分，又可作为通俗的读物进行浏览。

我们从上世纪90年代初起就开始思考中华文明的历史和现实问题，并逐渐形成了编著《话说中华文明》的设想。在开展这项庞大的文化工程之始，我们就聘请了国内权威学者李学勤、罗哲文、俞伟超、曾宪通、彭卿云诸先生担任学术顾问，他们对计划作了充分讨论，并审阅了大量初稿。我们聘请了广州、香港地区的社会科学学者、大学教师、研究生以及我社编辑人员几十人担任稿件的撰写工作。

通过创作这部书，我们深深地感受到了中华文明的博大精深，也感受到了它的内在缺陷。中华文明具有辉煌的时期，也有苦难的年代，有它灿烂的成就，也有其不足的方面。中华文明在自身中能够吸取充分的经验和教训，就能够使自身健康壮大，成长发展。

通过创作这部书，我们也深深感受到了出版事业的使命和重任。我们希望这部书能受到广大读者的喜爱，起到它所应当起的作用。为中华文明的反省、前进和奋起作一点贡献。

目 录

话说 中华文明

王朝建立与巩固统治时期

王朝建立与巩固统治时期

清朝

1644 ~ 1650A.D.

清朝

1644 A.D. 明崇祯十七年 清世祖章皇帝福临顺治元年

正月朔，李自成称王于西安，国号大顺。三月，进入北京。十九日，思宗自缢死。四月，清睿亲王多尔衮欲乘明乱入关侵略，败李自成于一片石。自成败还北京，即皇帝位，翌日即撤兵回陕。五月，明福王朱由崧即皇帝位。清世祖自沈阳入北京，十月朔，即皇帝位。

1645 A.D. 清顺治二年 明安宗简皇帝朱由崧弘光元年 明绍宗襄皇帝朱聿键隆武元年

清兵破扬州，大杀十日，史可法死之。五月，清兵入南京，弘光帝被俘，明年死。清下令汉人剃发，违者严处。李自成南走通山九宫山，死。

1646 A.D. 清顺治三年 明隆武二年（唐王朱聿键绍武元年）

清始举行会试、殿试。

1647 A.D. 清顺治四年 明桂王朱由榔永历元年

大清律成。江南兴大狱，名士夏完淳等死。

1650 A.D. 清顺治七年 明永历四年

郑成功取金门、厦门。

1644 A.D.

7月初，英格兰议会将领克伦威尔大败国王军于马尔斯敦沼泽地区。笛卡尔作《哲学原理》。

1645 A.D.

4月初，英格兰议会决定改组军队为"新模范军"。六月中，克伦威尔大败国王军于内斯俾，获得决定性胜利。

1647 A.D.

6月7日，意大利拿波里共和国宣布成立。

1649 A.D.

法兰西掀起"新投石党"运动。

一月下旬，英格兰审讯查理一世。1月30日，处以死刑。八月，克伦威尔率兵入爱尔兰，历时一年乱始平，杀戮之众，惨绝人寰。

1650 A.D.

二月下旬，英格兰查理二世入苏格兰称王。九月，克伦威尔在顿巴尔战役中大败苏格兰人，查理逃往法国。

李自成攻入北京·朱由检自缢煤山

崇祯十七年(1644)正月李自成正式宣布建立大顺政权后，即于当月派兵东征。先遣队在刘宗敏、李过率领下，迅速攻克山西几十个州县。李自成闻前线告捷，于二月亲率大顺军主力从禹门渡过黄河，进入山西。八日攻克太原，俘获晋王朱求桂。接着连破上党（今山西长治）、彰德（今河南安阳）、固关、真定（今河北正定）。然后兵分两路，直扑北京。大顺军所到之处，明军或降或逃，三月中旬，两路大军会师北京城下。

三月十七日，李自成亲自指挥大军环攻九门。十八日，大顺军将士架飞梯奋力攻城，越墙而入，攻占外城。与此同时，明太监曹化淳献彰义门投降。崇祯帝朱由检听到城破，立即命其3个儿子更衣出逃，逼周皇后自缢，剑砍长女乐安公主手臂，又杀妃嫔数人，然后换上便服，携太监王承恩等数十人，出东华门，企图出逃，没成功，又返回宫内。十九日清晨，李自城军攻破内城。

李自成永昌通宝

崇祯亲自响钟召集百官，竟无一人响应。崇祯见大势已去，便与太监王承恩入内苑，对缢于煤山寿皇亭树下。明朝至此宣告灭亡。当日中午，大顺军千骑自正阳门入城，京师居民设大顺永昌香案夹道欢迎。李自成身着毡笠缥衣，乘乌驳马自承天门（今天安门）入宫，登临皇极殿（今太和殿）。李自成攻占京师后，即会都于此，出榜安民。

吴三桂开关迎清军·李自成兵败

李自成占领北京后，虽然明朝灭亡了，但是距离北京不远的山海关，还驻扎着明宁远总兵、平西伯吴三桂率领的精锐兵力，直接威胁着北京的安全。因此，李自成准备在招抚吴三桂后登基为帝，然后派大军南下完成一统大业。吴三桂接到李自成的劝降信后，权衡再三，决定亲率精锐赴北京投降，但当他听到其父母被大顺军拘禁、爱妾被刘宗敏霸占的消息后，便以此为由与农民军公开作对，并遣使向清摄政王多尔衮"乞师"，随后又表示降清，迎清军到山海关附近。见此情况，李自成决定东征，以铲除吴三桂的势力。顺治元年 (1644) 四月十三日，他率 20 万大军由北京出发，于二十一日抵达山海关。当日即对吴三桂发动猛攻，尽管吴三桂督兵顽抗，但局势仍然岌岌可危，二十二日凌晨，吴三桂以炮轰击农民军的包围圈，从隧道突围直驰清营，拜见多尔衮，剃发称臣，请求出师，随即开关迎入清军。当日，吴三桂倾精锐与农民军接战，农民军英勇搏杀，至午后，已将吴军紧紧包围。吴三桂东驰西突，苦战良久，几不能支。正当双方精疲力竭之时，作壁上观的清军突然从侧翼冲出，农民军措手不及，仓促应战，损失惨重。终于寡不敌众，败退永平（今河北卢龙）。

二十六日，李自成退回京师。二十九日，在武英殿仓促举行称帝典礼，接受群臣朝贺。三十日凌晨，李自成率领大军离京，奔归陕西。两天后即五月初二日，摄政王多尔衮在数万名亲兵的簇拥下进入北京，并在武英殿称制，开始了清廷对北京的统治。

山海关护城河

清兵入关

崇德八年 (1643) 八月皇太极因病去世，幼子福临即位，年号顺治，清廷一度发生了激烈的权力之争。结果是多尔衮逐渐掌握了朝廷重权。为了树立自己的威信，多尔衮决定领兵入关，开辟新的战场。

顺治元年 (1644) 四月七日，清廷祭祖誓师伐明。八日，顺治亲自召见多尔衮，特授给奉命大将军印，掌管军中一切赏罚大事。九日，多尔衮率群臣至堂子奏乐行礼，又陈列八纛向天行礼。然后统领满州、蒙、汉军兵总计约14 万人，鸣炮起行，讨伐明朝。十一日大军到达辽河，十四日到达翁后（今广宁附近）。十五日卯时，镇守山海关的明军统帅平西伯吴三桂突然派人前来洽降，这为清兵入关提供了意料不到的方便。二十二日，在吴三桂与李自成激战之时，清兵突然冲出，击败李自成军。随后吴清联军越关西入中原，紧紧追击农民军。五月二日，进入北京。

清军入关，是明清之际一个重大的历史事件。清军从誓师伐明到占领北京，尚不到一月之久。

抗清运动在全国兴起

清军入关后，阶级矛盾已退居次要地位，民族矛盾成了主要矛盾，激起了汉族各阶层人士一场持续的、广泛的、有组织的民族抵抗运动。

顺治元年 (1644) 五月，清兵占领北京不久，当地"两京孔道"的三合县人民，就首先高举义旗，奋起反清。接着，京畿州县人民纷纷响应，天津一带，则先后爆发了张承轩、杨四海等农民起义。顺治四年，天津的两任巡抚都因不能镇压农民起义，稳定统治秩序，而被撤职治罪。宛平、东安（今安次县）、武清、漷县以及内黄、东明等县，一时都聚众抗清，声势浩大，使清统治者疲于奔命。

隆武二年铸抗清的铁炮

　　山东各地农民的抗清斗争，也异常激烈。顺治元年九月，在青州胶州登莱，李自成裨将赵应元所领导的农民军占领了青州，杀死山东巡抚王鳌永。顺治三年，谢迁率众起义，一举攻克高苑县城。第二年，又攻克长山、新城、淄川等县。此外，嘉祥县满家洞农民军及曹州的榆园农民军，都影响甚大。

　　南明政权建立后，以史可法为代表的抗清将领与清军展开了激烈战斗。史可法扼守扬州，清兵围攻七日，"鞠躬尽瘁、克尽臣节"的史可法战败被俘，不屈遇害。又有陈明遇、阎应元在江阴，黄淳耀、侯峒曾在喜定，均组织民众进行抵抗，给清军以有力的打击。

　　清军攻克江南以后，随即进军杭州、嘉兴、湖州等地，引起了当地军民的英勇反抗。顺治二年闰六月，浙江一部分抗清力量公推张国维、张名振、张煌言等人去台州迎立鲁王朱以海在绍兴监国。同时，在福建的郑芝龙、黄道周等人也拥立唐王朱聿键在福州称帝。鲁、唐两政权均组织力量对清军进行了一定程度的抵抗。其中大学士黄道周亲自带兵北上，在与清军激战中被俘遇害，一时为人称颂。在浙江东南部，有余姚人王翊及慈溪人王江领导的抗清队伍，与清军作战多年，成为一支坚强的抗清力量。

　　大顺和大西两支农民军，在清军的围追堵截下，也一直坚持抗清斗争。大顺军在潼关、西安对清军进行了顽强抵抗。李自成死后，余部与明军联合，在岳州、藤溪、湘阴等地大败清军。其中大顺军将领郝摇旗与明将何腾蛟所率军队一起，多次战胜清军，一度使抗清形势极为有利。张献忠在川北抵抗清军牺牲后，其余部继续坚持抗清斗争，其中以李定国所率一部在抗清斗争中旗帜最为鲜明，所起的作用也最大。顺治九年五月，李定国率兵赴湖广，连下全州、桂林，清将孔有德兵败自焚。随后李定国乘胜追击，直取长沙，又杀清敬谨亲王尼堪，取得了抗清斗争的惊人战绩。

在东南沿海，郑成功领导的抗清队伍，也作出了特殊的贡献。他以金门、厦门为根据地联合张煌言部，北伐南京，由于两支劲旅配合进攻，南京城清军几不可守。后因郑成功中清军诡计，遭至败绩，退回金门、厦门。

波澜壮阔的抗清运动前后持续达十数年之久，其范围之广阔、规模之宏大，以及各阶层人士的全部投入，使这场民族抵抗运动在历史上写下了重要的一页。

多铎入南京图

弘光小朝廷建立

顺治元年 (1644) 四五月，当崇祯帝自杀，明朝灭亡，以及清兵入据燕京的消息传到南京时，陪都南京陷入一片混乱之中。明在南京的地主、官僚和军阀为了逃避彻底覆亡的命运，即议拥立新君。

当时兵部尚书史可法在浦口督师勤王，而阉党领袖马士英正拥兵在凤阳。马士英与诚意伯刘孔昭等联合一起，力主拥戴避居维上的明神宗之孙福王朱由崧为帝。而翰林院詹事姜曰广及兵部侍郎吕大器等人，认为福王品行不端，不愿拥立，主张立穆宗之后潞王朱常淓，两派相持不下，当时因马士英拥兵在外，又与大将靖南伯黄得功，总兵刘泽清、刘良佐、高杰等相勾结，连兵驻江北，气焰很是嚣张，大臣们因畏惧而一时不敢过于违逆。史可法起初也主张立潞王，后来也不敢过于坚持。于是朱由崧遂在顺治元年五月三日监国于南京，南明政权由此建立。五月五日，福王政权以马士英、史可法等为东阁大学士，分江北为四镇，由总兵刘泽清、高杰、刘良佐和靖南伯黄得功分别驻守淮安、泗州（今泗县）、临淮（今凤阳临淮关）、庐州（今合肥），以屏障南京，防范农民军的进攻。五月十五日，福王在南京称帝，年号弘光。弘光政权把"讨贼复仇"作为宗旨，但拥有重权重兵的马士英等人在政治上、军事上却毫无作为。而是热衷于小朝廷内的争权夺利，生活上的苟且偷安。史可法鉴于朝廷互相倾轧的情况，自料难有作为，于是向福王提出赴扬州督师，由此大权便被阉党掌握。他们在清、明、农民起义军三种势力鼎立的形势面前，热衷于与清朝议和，企图利用清兵来消灭李自成等起义军，为此而不惜向清割让出一部分土地作为酬劳。这充分暴露了弘光政权的反动实质。至于弘光帝本人更是昏庸无能，终日只知沉湎于酒色，不思复国大计。这些，注定了南明小朝廷迅速灭亡的命运。

张献忠为大西政权铸造的铜印

清建都北京

清军到达北京后，在是否将首都由沈阳迁到北京的问题上，统治集团内部发生了争论。以阿济格为首的反对派，主要以清兵入关太快、补给不足为由，反对迁都。而多尔衮从统一和管辖整个中国的总战略出发力主迁都。顺治元年 (1644) 六月，多尔衮终于统一诸王、贝勒、大臣的意见，决定建都燕京，派遣辅国公吞齐喀等携奏章迎驾。七月八日，顺治帝在告上帝文中宣布：接受多尔衮的奏请，"迁都定鼎，作京于燕"。八月二十日，顺治车驾自盛京启行，九月十九日至京师，自正阳门入宫。十月一日，顺治行定鼎登基礼，亲至南都，发布告祭天地文："兹定鼎燕京，以绥中国"，宣布继续沿用"大清"国号，纪元顺治。清政权在关内的确立，并为满清贵族最终捣毁南明王朝和完成统一大业，提供了政治上的保障。

清廷在定都的过程中以及定都之后，采取了许多重要措施，在一定程度上巩固了自己入主中原后的地位，这些措施主要表现为：一是对汉族地主阶级加以笼络。他们为崇祯帝后发丧，保护明陵，对明王及勋戚给以礼遇，"故明诸王来归者，不夺其爵"。同时优待和重用明朝降官，如任命洪承畴为大学士，提拔原明朝给事中陈名夏为吏部尚书等，以后又开科进士，安抚士人。二是减轻人民负担，改革明朝弊政。清军入北京后，多尔衮立即下令取消加派银饷使民"岁减数百万两，民赖以苏"。同时大力打击太监势力和贿赂行为，使明末极为猖獗的太监阶层大大削弱，贿赂之风也大为收敛。

王朝建立与巩固统治时期

福临（顺治）像

改造故宫

　　清朝定都北京之后，基本上是完整地继承了明代的所有建筑，北京宫殿仍然沿用前代，总体布局没有变更，只不过将原来明代宫殿的名字改为新名，表明已经改朝换代了。清代还将在战争中毁于兵火的殿堂全面修复，使过去那种恢宏、整一的故宫建筑群得以重现。

　　清代对故宫的改造只是局部的。清初，将皇后居住的坤宁宫按照满人的居住习俗进行内部改造，成为祭神之所；在中间几间按照满族样式在南西北三面砌上大炕（称万字炕）及连炕大灶，作为祭神时聚会和烧制胙肉的地方；将宫殿的入口改在东偏，东暖阁改成皇帝大婚的洞房。

　　另一项重要的改造是西六宫前的养心殿。养心殿做成工字殿形式，前殿有5间，前面再加3间抱厦。殿内明间设宝座，按照正式朝仪布置室内的陈设。明间的左右是两间东西暖阁。东暖阁是皇帝日常起居并处理政务和召见近臣的地方，室内装修极为精美，南端设有木炕，东端则设有宝座，北半部则隔成两个后室，供皇帝就寝。西暖阁是皇帝的机要办公处，窗外的抱厦加设了一层"木围"，以防窥视。西稍间又隔出一小室，这就是著名的三希堂。养心殿后殿则供皇后居住。

　　清代对故宫布局最大的改造是在外东路明代的仁寿宫、哕鸾宫、喈凤宫的旧址上兴建宁寿宫。它完全仿效宫城中轴线上外朝内廷的格局，前后分别建皇极殿、宁寿宫（成一组）和养性殿、乐寿堂（成一组）。在乐寿堂的东侧又建作为皇帝看戏和礼佛的畅音阁和梵花楼；西侧则建有俗称乾隆花园的遂初堂、符望阁等园林建筑。宁寿宫的建筑非常完整、全面，可以称之为独立的小皇宫。

　　总之，清代对北京宫城的改造，进一步保护并加强了中轴对称布局，利用环境气氛的感染力突出了皇极至上统驭一切的威严气势，另外在生活的适用性和装饰设施的华丽方面也进行了大量的改造。

王朝建立与巩固统治时期

故宫中心宫殿鸟瞰

复杂矛盾的黄道周思想学说

黄道周(1585～1646)，字幼平，亦号石斋先生，福建漳浦人。中年举进士，曾任南明礼部尚书。明末儒学大师，著作颇丰，主要有《榕坛问业》、《论易》等。他的思想学说既复杂又矛盾。

在自然观上，黄道周把阴阳二气和五行(金木水火土)看作是构成天地万物的物质元素，进而强调太极是天地万物的本原，太极与阴阳是一体的，太极也就具有物质性。他强调有了阴阳之气，才有天地形成和人类万物的产生，才有了自然的诸种变化和变化规律。

黄道周毕生研究易学，将古今历学尽归于易，生硬拼凑，以致走了神秘主义道路。但他也有些合理可贵的思想。首先，他认为治易就要如实反映日月天地的自然形态及变化规律。其次，治易要摆正理、象、数三者的辩证关系。理即日月星辰变化的自然规律，象和数则是构成理的具体形态和度量的依据。再次，提倡治易要贯彻实测的精神。显示他重实证、实验的实学思想。

黄道周的格物致知的认识论中亦有进步倾向。首先，提出人的认识来源于"物上精魄"的非精神——"性地灵光"。认为人的感情意识"不从心生"。而是人们对外界事物的感受所引起的。其次，他认为人对外界事物的反映和认识是很重要的，"只要致思，人人自是圣贤"。还指出人的主观认识能正确反映客观事物。他的认识论还表现为重躬行、重实践，有力地抨击了空谈的弊端。

黄道周的道德修养论提倡"修己以敬"，视"敬"为"本体工夫"，是中和之本，礼乐之源，从而把"教"变成了一种能产生神秘力量的主观精神。他还把人的主观意义中的"敬"与"诚"，与客观事物、自然界的"天"的真实性相混同，最终必以主观意识代替客观世界，这又与他的认识论相矛盾了。但他把敬和"安民"、"安百姓"联系起来，与"君子事功"、"君子学问"一起作为实现修身齐家治国平天下理想的组成部分，这使他的道德论含有一些民主思想的因素。

在人性论上，黄道周认为人性本原于天，把人性和天命完全等同，使人性具有神秘性质，这同他在自然观上不信天命鬼神的重自然规律的观点相左，陷入理学的"天道性命"的"精神本体论"。他坚持性善论，人之所以变恶、愚，皆是后天习染不同的缘故，因而他重视后天的修养。他的人性善论虽错，但他的认为，人可以通过修养改善变智，肯定了人的主观能动性，含有积极的因素。

总而言之，黄道周的思想学说既复杂又矛盾，既有积极进步的因素，也没有完全摆脱某些神秘主义的束缚。

俄国入侵黑龙江

明末清初，由于清军主力进入关内，东北边界一度空虚。欧洲的俄罗斯帝国在侵占西伯利亚之后，进一步觊觎我国的黑龙江流域。

明崇祯九年(1636)，俄国侵略者第一次听到关于黑龙江的传说。中国黑龙江富饶的物产，使俄国殖民者馋涎欲滴。崇祯十四年(1641)初，沙俄雅库次克的统领戈洛文派遣70多名哥萨克去寻找黑龙江，结果没有找到。崇祯十六年，戈洛文又派波雅科夫带领132人的远征队，携带火枪、铁炮，翻越外兴安岭，窜入我国精奇里江地区，无视中国的主权，绑架达斡尔族头人作人质，四处抢夺粮食、牲畜和貂皮。达斡尔族人同仇敌忾，奋起反击。丧心病狂的沙俄匪帮不但大肆屠杀抢劫，甚至"吃被杀的当地居民的尸体"，仅在1643年冬天，他们就吃掉50个中国人。后来波雅科夫匪帮沿着精奇里江继续下航，闯入我国东北最大的内河黑龙江，并在黑龙江地区窜扰了三年，在遭受当地人民的多次打击之后，于1646年逃回雅库次克。

顺治六年(1649)春，沙皇俄国又派出以哈巴罗夫为首的匪帮，对我国黑龙江流域进行第二次武装入侵。攻占了达斡尔族的雅克萨城寨，在黑龙江沿岸大肆烧杀抢劫，强迫我国居民向他们"进贡"。顺治八年，沙俄侵略者进入黑龙江畔的桂古达尔城寨，制造了骇人听闻的暴行。他们乱杀乱砍，血洗全城，杀死661人，抢走妇女243人，儿童118人，其他财物也劫掠一空。

顺治八年(165)十月，哈巴罗夫匪帮窜入乌苏里江地区。在我国赫哲族人居住的乌扎拉村，筑营越冬，同时四出抢掠，无恶不作。赫哲人一边奋起反击，一边报告清朝驻宁古塔章京海色，请求政府出兵驱逐俄国侵略者。第二年，海色带领清军在当地各族人民的配合下，痛击沙俄侵略者，迫使哈巴罗夫向黑龙江上游狼狈逃窜。

清设堂子祭和坤宁宫祀神

入关以后，清除继续使用坤宁宫祭神礼等旧俗外，初期还循用明廷旧制，只稍为作了增补，如祭天增设堂子之祭，和其旧俗设杆祭天礼成一配套。清顺治时始设静室(堂子)总礼祀稷诸神，称为堂子之祭。顺治帝在燕京长安左门外建堂子，正中为汇祀群神、南向五楹的飨殿，前面设中杆石座，为北向的拜天圜殿，东南是南向三楹的上神殿。上神殿尚锡神亭，神曰田苗，每月初一祀之。

清帝极重堂子祭，一年祭祀多次，元旦拜天，出征凯旋或平定叛乱都由皇帝亲自祭祀。其他的还有月祭、杆祭、浴佛祭、骡等。其中月祭是祭田苗神，由内管领一人入上神殿，

坤宁宫

除冠服，解带、跪叩祝辞。杆祭即立杆大祭，是满清旧俗，于每年春秋二季第一月一日，或二、四、八、十月上旬选择吉日举行。杆祭时，提前一天在延庆采集长3丈、围径五寸的松木，树梢留枝叶9层，架为杆送到堂子，提前一日竖在圜殿的石座上，从辅国将军上到亲王，祭杆从一到三不等。祭杆时要到坤宁宫请佛亭及菩萨、关帝像送到堂子，和杆一起接受拜祭，可见满族长期受佛教文化与汉文化影响，佛菩萨与关帝分别作为保护神及武圣，因军事重要而备受推尊。浴佛祭是每年四月八日祀于飨殿；乾隆中又定春秋骟马致祭。乾隆十四年(1749)诏书说：堂子致祭，所祭即天神也，是"旧俗相承"，并认为它有经书所说古类祭之遗意。坤宁宫祀神礼开始自盛京，到顺治时被确定为国家礼典。宫西供朝祭神位佛、关圣；宫北供夕祭神位"穆哩罕"诸神，包括七星之祀的"纳丹岱珲"，蒙古神"喀屯诺延"，满族传统信仰神号"年锡"、"安春阿雅喇"等等。宫廷内则树杆以祭天。综其所祀，包括元旦行、日祭、月祭、报祭、大祭、背镫祭、四季献神等，其仪节，祭祀程序大致类似于堂子祭而稍有不同。

　　堂子祭和坤宁宫祭神是满清传统宗教风俗受汉文化浸润的产物，因此受到清历代帝王的重视。

乾清宫

张献忠败亡

顺治元年 (1644) 初，当李自成率领的大顺农民军向京师进军时，张献忠率领的大西农民军在四川和明军进行着激烈的战斗。八月前后攻占了成都，接着派兵攻取四处州县，所至皆克，除遵义和两处土司未下外，据有全蜀。十一月张献忠称帝，国号大西，改元大顺，以成都为西京，设六部五军都督府等机构。张献忠以汪兆麟为左丞相，严锡命为右丞相，王国林为尚书。并命养子孙可望、艾能奇、刘文秀、李定国等为将军，赐姓张，分统各部。

李自成死后，清军随即向大西政权发起进攻。1645 年冬，清廷威胁利诱张献忠投降，张不为所动。随后清朝大兵压境，大西政权处境艰难。张献忠乃于 1646 年七月，尽毁成都宫殿庐舍，撤向川北。他命四位将军各统兵十万分守要隘，又派刘进忠把守川北门户朝天关。可是，刘进忠投降了清朝，在刘进忠导引下，1647 年十一月二十七日清晨，清军乘着浓雾悄悄包围张献忠驻地，并发动突然袭击。张献忠得报，未及披甲，就匆匆上马，仓卒应战。刘进忠遥见张献忠出战，便叫道："衣蟒者，八大王张献忠也。"于是清军乱箭齐发，张献忠不幸中箭壮烈牺牲。张献忠死后，他的余部由孙可望等四人带领，在川南、云贵一带坚持战斗，其中尤以李定国所率一部在抗清斗争中，贡献最大。

张献忠大顺通宝

郑成功起兵

顺治四年 (1647)，郑成功率领海上义师，从福建南澳出兵，两三年间，连破同安、海澄和泉州等闽南海许多地方，进据金门、厦门，掀起了清初抗清斗争的最后高潮。

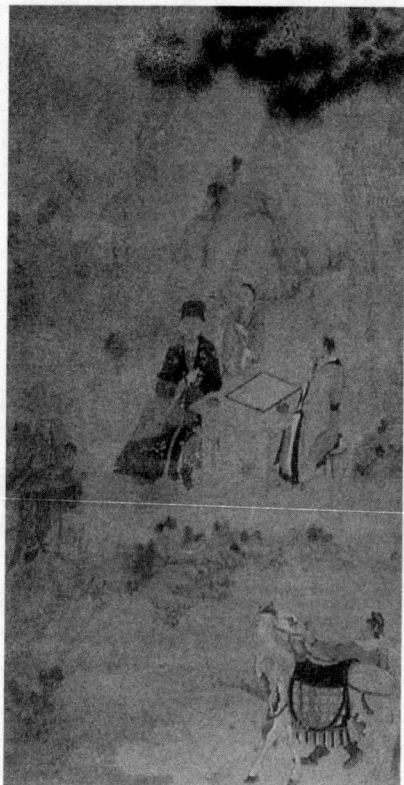

郑成功 (1624～1662)，原名森，字大木，隆武政权重臣郑芝龙的儿子。由于受到南明隆武帝的赏识，赐姓朱，改名成功，因此被称为"国姓爷"。郑芝龙降清，郑成功苦劝不听，遂率训拒降，"不受诏，不剃头"，打出"背父救国"的旗号，坚持抗清斗争。

郑成功以金门、厦门为基地，曾多次进行北伐和南征。其中以顺治十六年 (1659) 的北伐，声势最大。郑成功北伐江南失败，损失惨重。顺治十七年五月，郑成功经过半年的休整，在漳州海门港大败安南大将军达素率领的清军水师。清统治者为了对付这支抗清力量，下令沿海居民内迁三十里禁止舟船出海，以切断东南人民同郑成功的联系。这给郑成功造成很大困难，为了扭转被动局面，特别是为了坚持长期抗清斗争，在爱国思想支持下，郑成功决意驱逐荷兰侵略

郑成功弈棋听军情图

者，收复我国固有领土台湾，以为抗清斗争的最后基地。

郑成功遗物：靴鞋。

郑成功遗物：龙袍。

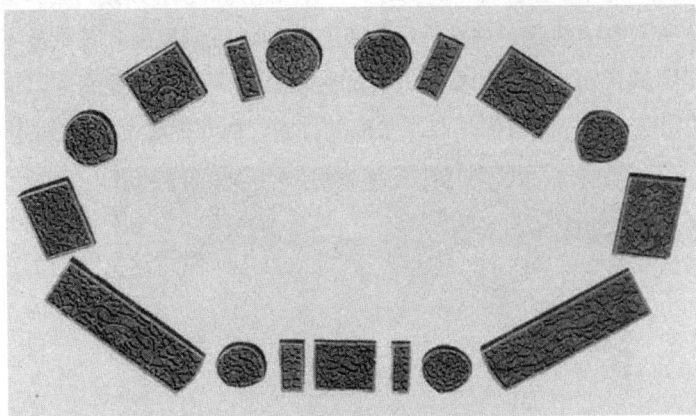

郑成功遗物：石玉带。

出现钱荒

清代曾在清初和 18 世纪后期出现过两次钱荒。

白银在明代中后期开始就已逐步确立了主币的地位。清建国以后，又通行用白银制钱。中国白银的产量并不丰富，要解决白银的紧缺就必须大量地输入外国银。明末东南沿海出现资本主义萌芽，以及与外国贸易的活跃，使得外国的白银源源不断地流入中国，故白银的使用并未有很大的紧张。

到了清初，统治者害怕沿海居民和郑成功联合起来共同抗清，强令"迁海"，并推行严厉的海禁政策，白银流入渠道被阻断，因而发生了严重的银荒问题。直到康熙二十三年（1684）开海禁以后，白银来源重新开通，钱荒才逐步缓和。

清政府和外国的贸易一直处于入超局面，大量白银流入我国。但到 18 世纪后期情况开始发生变化，英国等西方列强竟然把鸦片当作商品向中国倾销以谋求厚利，从而改变了在对华贸易中一直入超的局面，以致白银大量外流，造成了前所未有的银荒。这次货币危机与清初银荒的原因和背景都不同，属于内外交困的产物，不仅加重了人民的生活负担，造成商业衰落，也大大影响清廷的财政收入，各省因税收困难拖欠日多，揭开了清帝国没落的序幕。

清绿玻璃渣斗

茶叶贸易直到清末才废除茶叶专卖，改由民间自由经营，图为18世纪广州荷兰东印度公司称量茶叶的情景。

汤若望进呈《新法历书》

顺治元年 (1644) 十一月明朝徐光启历局编纂但不能颁用的《崇祯历书》，经传教士汤若望删改压缩，由 137 卷变为 103 卷，更名为《西洋新法历书》并进呈给清政府，得以接纳颁行，并成了计算历法的依据。

曾在徐光启历局共事并参与《崇祯历书》编纂的耶稣会士汤若望对明政府未能颁用《崇祯历书》感到不满。他寄希望于清新政权。并为此迅速推算出当年 8 月日食的情况，希望通过日食预报的应验，推荐新历法借以提高自己的地位，同时得到更大的传教自由。顺治元年 (1644) 六月他给清帝上书说："臣于明崇祯二年来京，曾依西洋新法厘订旧历，今将新法所推本年八月一日日食，京师及各省所见食限分秒并起复方位图像进呈，乞届期遣官测验。"及期，清政府派大学士冯铨和汤若望一同赴灵台测验，后冯铨回奏说用大统历和回回历推算的日食时刻都有差，唯有按西洋新法所推算"一一吻合"。这一招使清政府决定接受《新法历书》，新法得以认可。同年十一月，汤若望受命掌管天监事。但是在进呈的奏文中，汤若望抹杀了徐光启历局中众人的工作，说"臣创立新法……著为新历百余卷"，把一切成绩都记到他个人的名下。

《新法历书》不同于中国过去历法，它以 1/3 以上的篇幅介绍天文学基本理论，全部是欧洲古典天文学的内容。它采用第谷为维持地球在中心不动而创立的宇宙模式，彻底抛弃了浑天说、盖天说等中国传统的宇宙模式。

《新法历书》还以大量的篇幅介绍了相当于中国东汉时期人物的托勒玫及其名著《天文学大成》。托勒玫的著作是西方古典天文学总结性的巨著，有许多中国古代天文学所完全没有的内容和方法，如大地是有海洋和陆地的大圆球的地球思想，地理纬度对昼夜长短影响的计算，日、月、地的相对距离等等，丰富了中国天文学界的知识，拓宽了中国天文学家的眼界和思路。该书有关西方天文学知识不仅包括古典天文文学，而且有不少当时欧洲天文学的最新成就，如哥白尼、伽俐略和开普勒的一些论点。

《新法历书》的颁行，虽未真正转变中国天文学的体系，但从客观上促进了中国天文学的发展，使欧洲天文学体系的理论成为编算历法的理论，计算方法也大量取自欧洲，多少促进了中国天文学体系的转变。

周懒予棋艺无敌天下

在明代的基础上，清代的围棋活动又有了新的发展，棋坛新人辈出，棋艺高超，棋谱大量涌现。

在清代众多的围棋手中，以清初的周懒予最有名。周懒予幼时即常常观看其伯父周慕松弈棋，已懂得攻守应变之法。他还在少年时就达到了国手的水平。明末第一名手过百龄当时被奉为国手，"天天言弈者，以无锡过百龄为宗"。其后周懒予奇峰突起，棋力超过了百龄。周懒予的棋变化多端，轻巧玲珑，处处争先，他曾屡次与过百龄对弈，胜多败少，成为清初弈坛承前启后的人物，真可谓"无敌天下"。

清白地套蓝玻璃开光竹鹊烟壶

《时宪历》颁行

　　顺治元年 (1644) 七月，经礼部左侍郎李明睿建议，摄政王多尔衮批示，废弃明代的《大统历》，改用新法，取名《时宪历》，于十月福临（即顺治帝）登位时颁用，作为隆重庆典的一项活动。

　　《时宪历》与历代民用历不同，它是中国历史上第一次抛弃传统法数而是采用西洋天文学体系并按照中国民用历法体例编成的历法，作为官方历法首次发生体系变化；也是中国历史上第一次在民用历中采用定气注历，以太阳在黄道上的实际运行位置决定节气时刻。《时宪历》认为日月五星距地高卑相距甚远，说"太阳本圈与地不同心，二心相距，古今不筹"，因此旧历以同心计算有误，提出诸曜有高卑行度。这是《时宪历》计算中与传统历法计算最大的区别，也是颠倒了开普勒定律中心天体位置闹出的别扭。《时宪历》除了定气注历以外，其格式仍是旧制，一般一开始都是年神方位之图，然后刊登"本朝忌辰"，指出哪些日子是某某的忌日，在日历中同样有宜作何事、不宜作何事等种种宜忌，迷信色彩颇为浓厚。所以《时宪历》的法数改变虽是一个进步，但颁行的时宪书上却看不出太大的变化。

　　从 1759 年开始，清政府取消回回科，否决了在伊斯兰地区重新使用《回回历》的提议，要求全国统一使用《时宪历》。

清军屠扬州、嘉定

　　顺治二年 (1645) 四月，南明礼部尚书、东阁大学士史可法督师扬州，阻遏遇清兵南下。不久，清豫王多铎率军突破江淮防线，于十八日包围了扬州。史可法在内无粮草、外无救兵的情况下，组织军民顽强抵抗。二十四日，清军调集红衣大炮轰击扬州城，史可法再次血书告急，南明政权仍是置若罔闻。

二十五日扬州城破，史可法欲拔剑自刎，为部下劝阻。多铎劝他投降，被严辞拒绝，多铎遂下令在军前将史可法杀害。史可法部将刘肇基继续率领残部和城中居民一起与清军展开巷战，直至人尽矢绝，清军才占领扬州。清军入城后进行血腥的大屠杀。据史载，屠城十日，扬州死难数十万人，是为"扬州十日"。

六月十五日，清廷下剃发令。闰六月十七，嘉定人民在黄淳耀、侯峒曾等领导之下，开展反剃发抗争，黄侯二人纠合义旅，准备武器弹药，决心与清军血战到底。七月四日，清将李成栋率军镇压，嘉定军民坚守孤城十余日，终因寡不敌众，被清军攻破城池。清军入城大肆屠杀后，旋即退出，朱瑛重整民军，继续进行反剃发斗争。二十六日，清军再次攻破嘉定，血腥屠城，被杀者的血深没脚踝。八月十六日，吴之蕃反清失败后，嘉定人民第三次遭屠掠。城民投河，水为不流，尸横遍地，血流漂杵，史称"嘉定三屠"。

侯峒曾像

黄淳耀像

李自成死难

李自成农民军撤出北京后，经定州（今河北定县）、真定（今河北正定）、故关（山西平定县东），然后又由平阳（山西临汾西南）撤至西安。这时，尽管农民军受到了严重挫折，但在陕西及黄河一带尚有不小的力量，仍然有所作为。但是，李自成等人在军事上不仅未作比较周密的部署，反而听信牛金星的挑拨，诛杀李岩等大将，使大顺政权领导层出现了裂痕，削弱了自身的力量。

与此同时，清军分兵两路出师，向大顺军追击。一路系由英王阿济格为靖远大将军，率吴三桂、尚可喜等降将，由大同边外草地，出陕西之背，南下西安。另一路则由豫王多铎为定国大将军，带领孔有德、耿仲明等军，由河南怀庆直插潼关，然后两路人马在西安会师，以期一举全歼李自成的军队。不久，清军在占领太原、平阳及山西全境后，遂向潼关进发，在潼关与农民军展开激烈战斗。大顺军民经过顽强抵抗后，潼关、西安连连失守。顺治二

年 (1645) 五月，李自成率兵自陕西商洛山区退往湖北，驻扎在武昌。这时大顺军尚有部队五十余，分为四十八部。清军又分水陆两路突然袭来，李自成乃由武昌退至湖北通山。五月四日，李自成率十八骑到通山县的九宫山一带阅视山势和道路，突然遭到当地地主团练的袭击，李自成和二十八骑均牺牲于乱刃之下，时李自成三十九岁。

李自成死后，余部大致分成两支：一支由刘体仁、郝摇旗等率领，另一支则由李过及高一功率领，在荆襄地区坚持抗清斗争。

班禅之名开始

喇嘛教自元代盛行于西藏。当时僧侣都着红色衣冠，被称为红教。明初，宗喀巴改革宗教，着黄衣，称为黄教。黄教创立一种嗣续法，说达赖、班禅两喇嘛不死，由呼比尔罕(化身)辗转出世，即所谓呼比尔罕(转世)制度。明嘉靖二十二年 (1543) 达赖三世锁南嘉木错的影响除遍布全藏外，还扩展至蒙古、青海等地。蒙古淹答汗曾孙嗣为达赖四世，势力达到漠北、伊犁一带。明崇祯十年 (1637) 达赖五世罗卜藏嘉木错嗣位，其在蒙古的影响有增无减。在这种情况下，蒙古和硕特部顾实汗于清顺治二年 (1645) 赠达赖四世和达赖五世师傅、日喀则扎什伦布寺主持人罗桑却吉坚赞 (1567～1622) 为"班禅博克多"(意为大学者、睿智英武之人)，尊号班禅之名号自此开始使用。班禅为喇嘛教主名号，其地位仅次于达赖。

清廷封班禅之金印

王朝建立与巩固统治时期

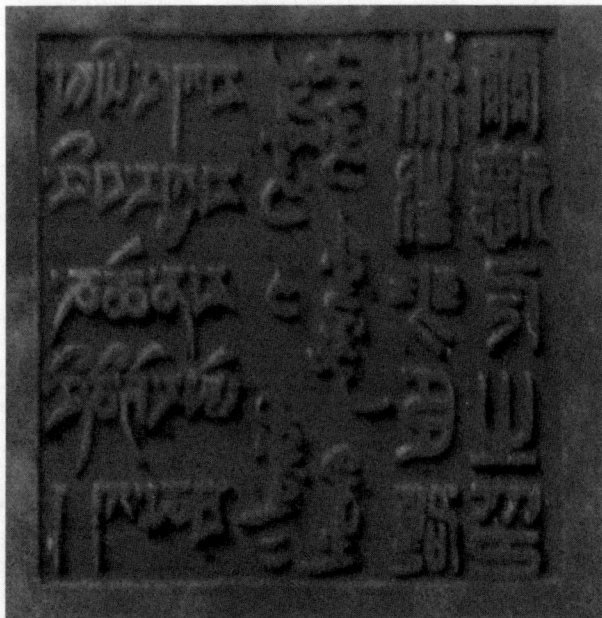

清廷封班禅之金印印文

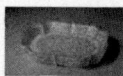

温补之风起

　　温补之学，明代薛己、张介宾、赵献可等人倡导于前，清代前期的高鼓峰、吕留良、张璐、黄元御等又呼应于后，所以温补之风盛极一时。

　　高鼓峰 (1623～1670)，习儒精医，其医学宗旨接近张介宾，不论内科杂症治疗，还是外感热病，都喜用温补疗法，不乏用参、附等热药治热病。他的成就经验都总结在《四明心法》和《四明医案》里。吕留良 (1629～1683)，32 岁时和高鼓峰相识，得高鼓峰传授医术。他本是一代著名学者，半路出家学医，因此受高鼓峰影响颇深，对赵献可、张介宾的温补学说也颇有研究，

吕留良像

不仅曾评注赵氏的《医贯》，又自撰《东庄医案》，临证验案，也多属温补，以吕留良的身份来提倡温补，大起推波助澜的功效。

温补学派的另一重要代表，是清初医学三大家之一的张璐 (1617～1699)，他擅长医治内科杂症，其疗法多取自朱丹溪、薛己和张介宾，医论则多学王肯堂的《证治准绳》，对于血证、痢病等温热病也以温脾健阳、滋养肺肾为法，临床用药以温补见多。张璐是大名医，又耗时 50 年撰成《张氏医通》16 卷，对当时医学风气影响极大。高、吕、张逝世后，温补学发展之盛趋向极端。儒生出身的黄元御 (1705～1758)，因为庸医误用寒凉药，损伤其左目，遂发愤习医，所以对降火滋阴说有很大成见，而极力提倡温补阳气的学术观点。

温补学说发展至此，堪称盛极一时，后学无知或庸医之流，偏听盲从，不论何病，都"专用温补"，遂造成新的流弊，于是引起了反温补派的反戈一击。徐大椿 (1693～1771)、陈修园 (1753～1823) 有感于滥用温补的流弊，极力批判医生以补药媚人，又因补药而误人。这种学术异见的出现，活跃了当时的学术气氛，更促进了医学的发展。

西方数学涌进中国

西方数学大规模地涌进中国，是从明末开始的，并一直持续到清雍正初年，促成了中西数学的交流和发展。

清初传入中国的数学，包括年希尧所著《视学》中涉及的透视画法，和引导明安图、董佑诚计算级数的杜氏三术，另外，还有筹算、对数、三角及其他内容。

筹算是清初 (1645) 传入中国的。明亡之后，德国耶稣会士汤若望 (1591～1666) 将《崇祯历书》改为《西洋新法历书》，为了专门介绍英国数学家纳贝尔 (1550～1617) 发明的算筹，他在书中增加了《筹算》和《筹算指》各一卷。筹算因此而被介绍到中国。清初很多数学家都致力于研究算筹，其中梅文鼎的贡献最大。他根据中国文字的特点将筹改造成为中国式的纳贝尔筹，后来这种被改造过的筹运用到了手摇计算机上。顺治三年 (1646)，波兰传教士穆尼阁 (1611～1656) 来华，带来了纳贝尔的另一项数学发明——对数。他

甘肃夏河拉卜楞寺小金瓦殿

和薛凤祚 (？~ 1680) 一起编译了一批天文历法及数学著作，如《比例对数表》和《比例四线新表》等，首次向中国介绍了对数；同时，也有一些新的三角公式，如球面三角学的半角的和、差的正切公式、半角的正弦公式和半边余弦公式等，随着对数的传入而传入了中国。

清康熙帝非常热爱数学，他对西方数学的渴求促进了一些新内容的传入。传教士们为了教学的方便，为康熙编写、翻译了一批教材，包括满汉两种文字的《几何原本》、《算法原本》、《借根方算法节要》、《勾股相求之法》、《测量高远仪器用法》、《比例规》、《八线表》、《算法纂要总纲》等等。另外，傅圣泽编的《阿尔热巴拉新法》、康熙主编的《数理精蕴》，都包含有不少中国人以前不了解的数学内容，如借根方比例、符号代数、有关椭圆的知识等。

西方数学的大量涌入，是明清数学史上的重大事件，它使"西学中源"说和"汇通中西"成为清代中西数学交流中最有影响的观点和方法，从而使清代前期 200 年间成为中国数学的复兴时期。

藏式佛寺兴起

清代初年，藏传佛教 (即黄教，俗称喇嘛教) 开始在国内广泛流传，影响很大。清政府出于加强统治和维护统一的考虑，大力扶持藏传佛教，政府出资在许多地方敕建寺庙。至清代中叶，黄教在藏族地区的寺院已达 4000 余所，在内蒙的寺院也有 1000 多所。

藏传佛教的建筑风格主要是源于西藏民居的碉房体系，使用砖石外墙、平顶、小窗，色彩浓重，雕饰粗放，局部还采用了汉族建筑的坡屋顶及斗拱构造。藏式寺庙一般都因山而建，依山就势，布局错落参差，不强调轴线，空间构图自由均衡，往往外观轮廓突出，墙顶以西藏特有的刷成褐红色的白麻革作为女儿墙的装饰。外墙则有明显的修饰，并粉刷成白色。屋顶用木方柱托起，雕饰复杂，色彩对比性很强。佛寺的内部墙壁画满宗教壁画，殿堂内还悬挂佛幡。墙顶上还悬有许多小型佛教装饰物如宝幢、法轮等。

藏式寺庙最著名的当数拉萨的布达拉宫。该宫始建于唐代，但 9 世纪时在战争中遭到破坏，顺治二年 (1645) 五世达赖喇嘛开始重建，历时 50 年，华构始成。布达拉宫东西总长370米，高117米，是一座融合宫殿、寺庙、陵墓以及其他行政建筑在内的综合性建筑。除布达拉宫之外，日喀则扎什伦布寺、拉萨色拉寺、哲蚌寺、大昭寺，江孜白居寺也都是有一定代表性的藏式寺庙。

　　另外还有一类建于北方地形平坦地区的汉藏混合式寺庙，这种寺庙一般采用轴线布局，主建筑大经堂往往采用汉式寺庙的造型。木棂格门窗，坡屋顶和局部平顶相结合。外墙则一般用简化的藏式装饰。这类寺庙大多分布在蒙族地区。典型代表是呼和浩特市的席力图召。

西藏拉萨大昭寺金顶

锣鼓流行于江南

明末清初，十番鼓、十番锣鼓等流行于江苏南部无锡、苏州、常熟、宜兴等地。当时，十番鼓、十番锣鼓多用于民间的喜庆婚丧和节日娱兴等活动，也用来做道场、法事等。

十番鼓多由民间音乐组织或民间吹鼓手演奏。乐队 5 ~ 10 人不等。乐器有曲笛、箫笙、小唢呐、二胡、板胡、小三弦、琵琶、板、点鼓、板鼓、同鼓、云锣、木鱼等。鼓、笛为主奏乐器。演奏曲目一类是不用鼓段的小型吹打曲，如《醉仙戏》等，另一类是用鼓段的吹打套头曲，如《满庭芳》等。优秀的击鼓手陆勤泉，号称"霹雳"，闻名江南。

十番锣鼓分为只用打击乐器的"素锣鼓"和兼用管弦乐器的"荤锣鼓"两类。荤锣鼓根据主奏乐器和演奏形式的不同，又分为"笛吹锣鼓"、"笙吹锣鼓"、"粗细丝竹锣鼓"、"粗吹锣鼓"等多种。素锣鼓分为"粗锣鼓"与"细锣鼓"两类。十番锣鼓最少由 6 人演奏，即同鼓、板鼓、双磬、小木鱼、汤锣 1 人；笛、七钹、小钹 1 人；笙、大锣、中锣、春锣 1 人；拍板、木鱼 1 人；三弦、大弦 1 人；二胡、喜锣 1 人。笛吹锣鼓以笛子为主奏乐器。其他乐器有招军、笙、箫、二胡、板胡、三弦、琵琶、月琴及粗锣鼓等乐器。笙吹锣鼓以笙为主奏乐器，其他乐器有长尖、箫、弦乐器与笛吹锣鼓同；打击乐用细锣鼓或粗锣鼓编制。演奏曲目主要有笛吹粗鼓曲《下西风》、《翠凤毛》、《万花灯》、《大红袍》、《喜元宵》；笙吹粗锣鼓曲《阴送》；笙吹细锣鼓曲《寿亭》；粗细丝竹锣鼓曲《香袋》、《十八拍》；丝竹细锣鼓曲《三阳开泰》；粗吹锣鼓曲《将军令》；以及清锣鼓曲《十八六四二》、《擒锣》、《清钹锣鼓》等。

多尔衮病死

顺治七年 (1650) 十二月，摄政王多尔衮病死于喀喇城，终年 39 岁。

多尔衮 (1612 ~ 1650)，爱新觉罗氏，努尔哈赤十四子。天聪二年 (1682) 被皇太极赐号墨尔根代青，即聪明王。次年从皇太极入明边，逼近明都，败袁崇焕、祖大寿援兵。清初设六部，掌吏部。崇德元年 (1636)，进封和硕睿亲王。崇德三年，奉命征明，克城四十余座。六年，兵围锦州获洪承畴，降祖大寿。清世祖福临即位，与济尔哈朗共同辅政。阿达礼、硕廷等人劝其自立，多尔衮诛杀阿、硕，稳定了清初政局。顺治元年 (1644)，授奉命大将军，率领阿济格、多铎等人再次征明，败唐通于一片石。与吴三桂一起出关败李自成于山海关。五月，率兵入北京，为崇祯帝发表三日，大力笼络汉族地主，减轻赋税，并及时制定了统一全国的作战部署。同时迎帝入城，定都燕京。先后受封叔父摄政王、皇父摄政王。

多尔衮素有风疾，入关后病情日重，顺治七年十一月，多尔衮出猎古北口外，不慎坠马受伤，病情恶化，十二月病死。诏尊懋德修道广业定功安民立政敬义皇帝，庙号成宗。

摄政王多尔衮敕谕

八旗常备兵建立

　　八旗常备兵制由满清八旗军制度演变而来。八旗军制度是既以旗统军，又以旗统民，把分散的女真人全部组织在各旗下，平时生产，战时出征，是一种军事、生产、行政合一的社会组织。旗兵、旗民各有主，且旗主为世袭，旗兵、旗民为旗主私有。后来皇太极又组建汉军八旗和蒙古八旗。到清军入关前，皇太极率领的八旗军，实际已变成24旗，共有满、蒙、汉士兵12万多人。

　　1644年清军入关。定都北京以后，建立了八旗常备兵制。

　　八旗常备兵制使八旗兵成为不事生产的军事与政治组织，其兵士是从16岁以上的八旗各佐领人丁中按一定比例挑选，挑选出来的常备兵，形式上仍归本旗都统、佐领管辖，实际上则由专职的军官统辖。统率八旗的都统、副都统和各营统领，都直接听命于皇帝。在编制方法上，仍严格实行按民族分别编制，以满洲八旗为骨干，加上蒙古八旗、汉军八旗，士兵总额高达20万。八旗常备兵的建立，大大加强了中央政权的军事力量。

　　八旗兵的兵种，主要有亲军营、骁骑营、前锋营、护军营、步兵营五种。亲军营：八旗满洲、蒙古每佐领下设亲军2人，由领侍卫内大臣统领，合计1770人。下设亲军校77人，署亲军校77人分别由旗管辖。其任务是在侍卫处的统一安排下，侍卫和保卫皇帝、警护皇宫。骁骑营：八旗满洲、蒙古每佐领下20人，汉军每佐领下42人，合计2.8万人，各自编组成营，由各旗的都统、副都统、参领、副参领等统领。前锋营：由最精锐的满洲、蒙古八旗兵分别编组而成。满洲、蒙古八旗每佐领下2人，计1770人。前领统领下设有前锋参领，委署前锋参领等职。其任务是战时担任前锋，平时作为皇帝的前哨警卫。护军营：由八旗满洲、蒙古兵精锐组成，八旗满、蒙古每佐领下17人，共1.5万人。上三旗官兵守护紫禁城内，下五旗守卫城外。平时守卫宫殿门户，稽察出入；皇帝出巡、驻跸，跟随扈从。步军营：又称步军统领衙门，下分为八旗步军营和绿旗的巡捕五营。八旗步军营兵额是八旗满洲、

蒙古每佐领下步军领催2人，步兵1人，汉军每佐领下领催1人，步兵12人，共2.1万余人。巡捕五营分南、北、中、左、右五营，兵额根据辖地大小而定，共1.1万余人。八旗步兵按八旗方位分汛防守内城，部分官兵专任缉捕事务。巡捕五营分汛防守外城及京郊地方。此外，八旗军还设特种兵，即神机营、健锐营、火器营以及具有预备役性质的养育兵等。

八旗常备兵的建立，对维护和巩固清代封建专制政权，平定内部分裂叛乱，抵御外来侵略，保卫疆土的完整起着极为重要的作用。

八旗军甲衣

正黄旗　　　　　　正白旗　　　　　　正红旗　　　　　　正蓝旗

王朝建立与巩固统治时期

镶黄旗　　　　　镶白旗　　　　　镶红旗　　　　　镶蓝旗

实学兴起

　　明中叶以后，工商业迅速发展，民族资本主义萌芽，新兴市民阶层兴起并逐渐发展成一个强大的势力，这种新的生产因素要求社会的上层建筑和意识形态的诸方面与之相适应。先秦墨家开创的尚实思想成为强劲的浪潮，实学开始勃兴。

　　在明清易代之际，农民大起义席卷大江南北，使统治中国达300年之久的朱明王朝迅速覆亡。在教训面前，思想家和广大知识分子展开了沉痛的思考，认为"明心见性"的理学的空疏，是明王朝灭亡的根本原因，提出以实学救济时弊，取代作为官方哲学的程朱理学。地主阶级革新派和新兴市民阶层两股势力汇合起来，构成实学思潮的主要社会基础。顾炎武、黄宗羲、王夫之、方以智、颜元等思想家是这一浪潮中的弄潮儿。在明末清初直至康熙中期，

排列在沈阳故宫大政殿前的十王亭是左右翼王和八旗大臣办公的地方

王朝建立与巩固统治时期

顾炎武像

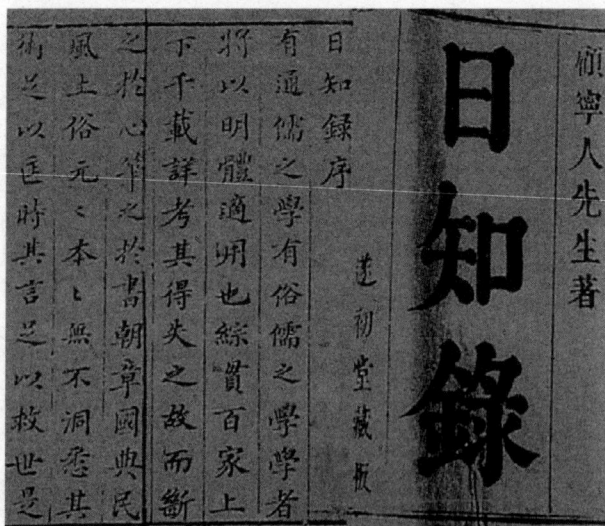

《日知录》

将这一浪潮推向高潮，成为一场遍及政治、经济、学术、科学和文化艺术等领域的以尚实学，主改革，重实证、实测，讲求"经世致用"的基本特点的思想大革命和早期启蒙运动的先导。

程、朱理学在明初即被朱元璋定为官方哲学，以之统驭整个意认形态，在长期实践中渐渐空疏，儒家政治陷入深深的危机，以黄宗羲、方以智、顾炎武、王夫之为代表的一大批遗民思想家极力批判理学的空谈误国，大力提倡经世致用的实学。他们关心时政，抨击社会弊端，主张以改革为手段救世、济民。揭露了当时在田制、水利、漕运、荒政、赋税、兵制、边务、吏治、科举等方面的弊政，甚至将批判矛头直指封建帝王，黄宗羲更尖锐地指出"天下之大恶者，君而已"。这种大胆的批判精神犹如惊天霹雳，是彻底否定封建制度的第一声春雷。顾炎武将吏治的腐败、政治的动荡等一系列社会问题的根源归咎于以程朱理学为内容，以股文为形式的科举制度。在这种彻底否定的基础上，他们反对抑商而提倡"工商皆本"以保护资本主义经济的发展。在学术上务求有用于世为出发点，对古代学术思想进行系统总结，注重自然科学的研究，方以智的《物理小识》对传统科学加以考订和总结，顾炎武在经学、史学、天文历算以及对西北地理的研究都卓有识见，建立了独具特色、博大精深的思想体系。有的学者公开怀疑《大学》、《中庸》等儒家经典的正确性和权威性，试图以新的方式研究诸子学说，颜元甚至直接以"六艺"之学对抗程朱理学。《漳南书院记》中书院的设计使 得理学显得苍白而无力。

明清之际至清初实学兴起并达到高潮而彻底结束了宋明理学的统治地位，为我国思想启蒙运动的到来，在思想和理论上作了大量的准备。

刘宗周开蕺山派

刘宗周 (1578 ～ 1645)，字起东，号念台，浙江绍兴人。官至南京左都御史。明哲学家世称蕺山先生，蕺山学派的创始人。著作有《刘子全书》、《刘子全书遗编》、《刘子节要》、《刘子粹言》。

刘宗周的思想很矛盾，既有进步的地方，又有落于心学窠穴的方面。

刘宗周继承发扬张载的朴素唯物主义的元气论，形成独有"离气无理"

从河南内乡保存下来的古代县衙，依然
能看到封建社会"迴避"制度的影子

的理气论和"道不离器"的道器论。他认为气是构成天地万物的本原，又是
产生精神"理"的根据，并进一步指出理虽附于气，但一产生，就具有相对
独立的精神作用，但也不能认为理能生气。他同样认为世界万物均是气的不
同形态的表现。他还进一步认为气这一物质自身矛盾对立运动，促使万物生
生不息。在道器论上，认识到作为具体事物的"器"是一般原理"道"的根本，
与朱学"理在事先"的观点相反。

在人性论上，他认为人性是人出生以后才形成的，是以人的身体和气质
为依据的，他反对先天人性论，提出人性好坏是靠后天所处的环境和主观努
力的程度而变化发展的。在义理之性和气质之性的关系上，他认为气质之性

是义理之性的主宰，人心和道心虽不同，但无本质区别，故可以互相转化。但他的上述观点并非一贯，有时也承认先天人性论和先天道德观的存在，陷入先验论之中。

在认识论上，他提出良知（认识）还靠闻见，需要通过对客观事物的接触才能产生，他还认为良知是一种抽象思维能力，但中年以后又提出"求道之要，莫先求于心的观点"，主张"识心"才能成为圣人，转入内省反求的唯心主义认识论，并把认识论和道德修养论结合，走上宋明理学的老路。

查楼开放

清代著名戏曲剧场之一——查楼，又名广和查楼或广和楼，今广和剧场前身，坐落于北京前门外肉市。它最初是"明巨室查氏所建戏楼"，供私家享用，入清后对公众开放成为营业性剧场。乾隆四十五年(1780)焚毁，不久即重建，并改称广和查楼。查楼是当时北京名胜之一。《唐土名胜图合》中收录有日本人风田玉山所绘的清代广和查楼演剧图，所绘戏楼是一座三面敞开的伸出式舞台。台旁花反映了嘉庆年间广和查楼的面貌，该图两柱有对联："一声尽占秋江月，万舞齐开青树花"。台口上有幕，下有栏杆。以板壁隔开前后台。板壁中央饰有图案，两端分别为上场、下场门。门有帘。台上正在上演《醉打山门》，有乐工吹笛伴奏。戏台对面和两侧，棚内设高出地面的观众席。戏台附近还有茶水酒食。许多观众在戏台与棚之间的隙地上站立围观，还有人骑在马上看戏。出入口有额书"广和查楼"四字的牌楼。嘉庆以后，广和查楼又经过拆建，中华人民共和国成立后改建为镜框舞台的新式剧场，称广和剧场。至此，它历经近400年沧桑，虽经几次重建和改建，但原地未移。这在中国戏曲史上，城市剧场能延续如此悠久的历史是少有的。

王朝建立与巩固统治时期

清光绪年间查楼演剧图

绿营建立

清军入关后，满清统治者将招降的明军和新募汉兵改编，使之成为驻守各地的地方军，因以绿色旗帜作为标志，又以营为基本建制单位，所以称为绿营或绿旗。

绿营按照"因地设官，因官设兵"的原则建立编制。其编制情况大致如下：全国各直省划分11个军区，军区设提督，提督之下设镇，驻守重要州府，设总兵官，其直属绿营兵称为镇标；镇下设协，驻守次要州府，协下设营，专守重要县城，设参将或游击、都司、守备等官防守；营下设汛，驻守重要村镇，由千总、把总备御，这样构成一个垂直的指挥系统。同时，设巡抚节制、监视各提督、各镇，又在巡抚、提督之上设总督、总兵官，是军区的最高长官，直接接受清中央政府的指挥，从而形成督、抚、提、镇互相牵制的军区体制。因官设兵，总兵官以上的官员亲率的绿营称为标兵，清代的标兵有将军的军标、总督的督标、巡抚的抚标、提督的提标等，其中总兵的镇标是绿营的主力，各种标的营数不同，多者5营，少者2营；营的定员也不一样，多者千余人，少者数百人。标兵的装备较好，武器以刀、箭为主，并配备一定的鸟枪、抬炮。

绿营的兵种有马兵、步兵、守兵三种。马兵、步兵都是战兵，地位待遇较高，守兵地位待遇最低。各兵种的混合编制又受地形险易、兵数多少和各地水陆地貌地形等因素的影响。清初，绿营中马兵与步兵的一般编制比例为马3步7，因为各地地形不一样，南方一些省份比例为马1步9或马2步8，而北方一些省份为马2步8或马6步4。在沿海和内河设有水师。清代水师编制基本仿照明朝旧制，由提督、总兵、副将、游击等官统辖，有外海与内河之分，外海水师配备拖缯、红单等船，负责巡察北起盛京，南到闽广的辽阔海域。内河水师配备板船，负责内河巡查。

绿营兵的建立，为维护清政府的统治提供了强有力的保障。康熙以后，逐渐成为清代军队的主力军。

王朝建立与巩固统治时期

清壁画东岳大帝启跸图（十八学士）

清壁画东岳大帝启跸图（御狮）

王夫之《船山遗书》（清刻本）

布达拉宫重建

清顺治二年（1645），西藏五世达赖喇嘛兴工重建布达拉宫。

梵语里的"布达拉"是"佛教圣地"的意思。布达拉宫位于拉萨旧城西面两公里的红山（北玛布日山）上，始建于吐蕃赞普松赞干布时期，9世纪毁于西藏战火。后经五世达赖以及以后50余年的重建，逐渐成为中国喇嘛教首领达赖喇嘛的驻地，和清朝中央政府驻西藏的行政、宗教机关的所在地。

布达拉宫建筑雄伟，它包括山顶的宫室区、山前的宫城区及后山湖区3个组成部分。

山顶的宫室区由红宫和白宫为主体的建筑群构成。红宫因建筑外墙涂红色而得名，作为布达拉宫唯一的红色建筑，它是达赖喇嘛从事宗教活动的场所，也是存放已故达赖灵塔的佛殿，建筑面积为16000多平方米。红宫总高9层，下面4层为地垄墙组成的基础结构，屋顶多为藏式平顶，有7座殿顶为汉式屋顶，覆以镏金铜板瓦。第五层中央为西大殿，是达赖喇嘛举行坐床（继位）及其他重大庆典的场所。大殿上面4层中部为天井，四周建有4座安放达赖喇嘛遗体的灵塔殿，20多座佛殿和供养殿。白宫因外墙涂白色而得名。它位于红宫的东侧，是达赖喇嘛处理政务及生活居住的宫室。高7层，有内天井，多作藏式平顶。底层是用地垄墙分隔成的库房，第二层东端有白宫的门厅，第三层是夹层，第四层中央是白宫的东大殿，大殿之上有回廊，沿回廊布置经师、摄政的办公和生活用房及侍从用房、厨房、仓库等。最高层为达赖居住的东日光殿和西日光殿。

在红宫前有西欢乐广场，白宫前有东欢乐广场，西欢乐广场下面依山建造赛佛台，高9层，上面9层开窗，与红宫9层立面组合，故有布达拉宫13层高之说。

山前的宫城区，外有南、东、西3座城门和2座角楼，城内是为整个布达拉宫提供服务的管理机关、印经院、僧俗官员住宅、监狱、马厩等建筑。

后山湖区有两片湖水,西湖岛上有一座4层楼阁,藏语中是"龙王宫"之意。

依山而建的布达拉宫,在道路的设计上简洁明了。在南面山坡上有一主蹬道直达中央赛佛台东侧大平台。从这里一分为二,西面进宫门后入红宫,再出广场西门与僧房相通,是朝佛之路。东面经过曲折的通道至东欢乐广场,从广场西的扶梯直入白宫,是朝拜达赖喇嘛之路。

布达拉宫的室内设计更是精美绝伦。门厅、佛殿、经堂、日光殿等的室内梁柱饰满雕刻和彩画,宫内供奉着众多的神色各异的佛像,增加了布达拉宫的神秘感。这些带有浓厚宗教性质让人感到扑朔迷离的宫内装饰,也为了解西藏文化、艺术、历史、民俗提供了宝贵资料。

从整体上看,布达拉宫依山而立,根扎山岩之中,随山就势,错落有序,山丘浑然一体,烘托出建筑的豪华与雄伟。

布达拉宫的建造,集中体现了藏族工匠的智慧和才华,突出反映了藏族建筑的特点和成就。

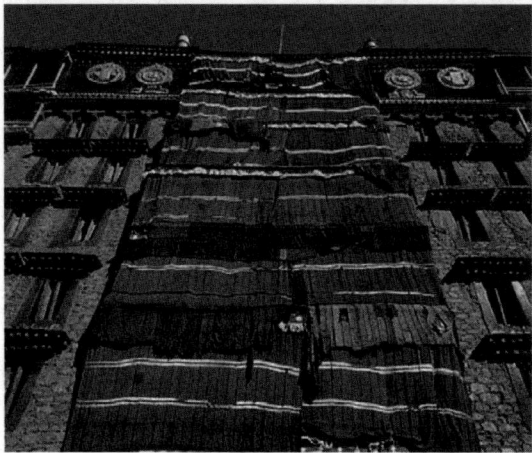

布达拉宫红宫

王朝建立与巩固统治时期

布达拉宫白宫大门外之松赞干布像

拉卜楞寺闻思学院彩画

西藏拉萨布达拉宫全景

清政府扩大旗地

　　清统治者入关后，大片圈占土地，从顺治元年 (1644) 至康熙八年 (1669)，先后在地处京畿的直隶省进行了三次大规模的土地圈占，强占民田 1666 多万亩，设立了京畿旗地。其后分驻各地的八旗兵也圈占了一些驻防旗地，但为数不多。

　　旗地是清统治者拨归皇室、赐与勋贵，或授与八旗官兵等的土地的总称。多属政府掌握的官田或强迫圈占民田而来。其中，拨归皇室内务的叫皇室庄田；赐与亲王、郡王等勋贵的叫宗室庄田；授与八旗官兵的叫八旗官兵旗地。清初有皇室庄田和宗室庄田 5 万顷，由政府设立专门机构管理。八旗官兵旗地 14 万多顷，主要集中在八旗官员手里。旗地不准买卖，领种旗地者必须服兵役，但所种之地可优免赋税。旗地生产初由壮丁负责，康熙年间，逐渐采取出租方式招民佃种。乾隆年间，政府承认旗地买卖合法化，旗地多数转为民田。辛亥革命后，旗地与民田界限已完全消失。

1651 ～ 1660A.D.

清朝

1651A.D. 清顺治八年 明永历五年

苏克萨哈等告发摄政王多尔衮不法事，旋追夺所得封典。

1652A.D. 清顺治九年 明永历六年

正月，郑成功收复海澄。明鲁王走厦门依郑成功。二月，清兵入嘉定府。李定国收复宝庆、全州、桂林，清定南王孔有德自杀。

1654A.D. 顺治十一年 明永历八年

清封郑成功为海澄公，其父芝龙以书谕之，成功不受。时满、汉大臣矛盾甚深，大学士陈名夏被劾，绞死。名士侯方域死。

1655A.D. 清顺治十二年 明永历九年

郑成功收复舟山。

1657A.D. 清顺治十四年 明永历十一年

七月，郑成功攻兴化，下台州，清兵取闽安，成功退厦门。十二月，清命吴三桂等攻云南。

1659A.D. 清顺治十六年 明永历十三年

正月，清兵入明滇都—云南省会，随西进。三月，清命吴三桂镇云南。

1660A.D. 清顺治十七年 明永历十四年

四月，吴三桂请进兵攻永历帝。

1652A.D.

英格兰由于航海条例公布，引起与荷兰之战争。自本年7月8日至1654年4月5日，发生大海战数次，双方各有胜负，但英国胜利较多。

1653A.D.

法兰西资产阶级不满于贵族之慢性斗争，议会迎宫廷返巴黎。

1654A.D.

4月初，英格兰与荷兰订立和约，英国海权自此蒸蒸日上。9月初，新国会召开，与克伦威尔发生矛盾，克伦威尔旋令将议员数十人逐出国会。

1658A.D.

英格兰克伦威尔卒，子理查·克伦威尔嗣保国公位。同年，英、法联军围攻敦克尔克（西属比利时西南滨海），敦克尔克降。

顺治亲政·进行一系列改革

顺治八年(1651)正月十二，顺治帝福临亲政，御太和殿，接受诸王、贝勒、大臣庆贺表文，并颁诏大赦。此后，顺治在跌宕起伏、纷繁驳杂的十年亲政中，采取了一系列改革措施，有效地巩固了自己的统治。

顺治亲政后，首先削夺了大臣的权势，实施集权制。顺治亲政前，早已深虑多尔衮擅权之患，亲政后鉴于济尔哈朗等大臣企图以元老重臣的身份把持朝政大权，甚至着手先断诸司衙门的奏章，毅然作出决定：以后大臣的一切奏章全部要呈递皇帝，不许再送交和硕郑亲王济尔哈朗。从此，顺治帝就一直将治理国家的大权紧紧掌握在自己的手中。

在用人方面，顺治一改多尔衮时期对汉官的猜疑、压制的态度，十分

顺治年间档案

注意笼络和依靠汉官。顺治九年(1652)四月，他谕旨宣布，为防止诸王大臣因循怠玩，允许满汉官吏互相参劾。次年六月二十七日，他又提出，内三院为机密重地，事务殷繁，应选举贤能之人任职，并特别指明每院应设汉官大学士二员。根据这一指令，大学士由原来的7名增至14名，顺治十年(1653)又增至17名，其中除两名满人外，其余都是汉官。顺治帝还突破了汉官不得掌印的旧规，从而提高了汉官的地位。顺治十五年(1658)七月，顺治谕示吏部，命将满汉官员的品级划一，从而使清廷官制重新设定。顺治十六年，顺治帝

又正式下令：今后各部尚书、侍郎等官，不再分满汉，谁受事在先，就由谁来掌印。这就改变了历来各衙门奏事只有满臣、不见汉臣的局面，显著提高了汉官在清廷中的地位，从而使汉官发挥着越来越重要的作用。

　　大刀阔斧的整顿吏治是顺治亲政后采取的又一重大措施。顺治九年(1652)，顺治帝推行亲察制度，对京城内中央机关的官员进行考核。次年初，他又根据大臣的建议，开始"大计天下"，即对各地的大小官员普遍进行甄别考核。不久，他又进一步将大计制度化，规定每三年举行一次。顺治十年(1653)四月初五，顺治帝颁发谕旨，正式宣布实行京察。顺治十三年(1656)十月，清廷又制定了满官京察则例：满官三品以上自陈，四品以下由堂官考核送吏部、都察院；内三院之四品以下官，由部、院会同内院考察；六科掌印官由部、院考察，其余由掌印官考核送部、院。所有考察事宜，俱照八法处分。顺治十二年(1655)底，顺治帝在处理顾仁"坏法受贿案"后，深感法度太轻，贪官不绝，于是决定施行重罚惩治贪赃官吏。他郑重宣布，今后内外大小官吏凡受贿10两、衙役犯赃一两以上者流徙，赃重者分别处绞，家产入官。在此谕吏下，清政府处决了一大批贪官污吏。

　　此外，顺治又命兵部整顿驿政，以保障驿路畅通；推行恤刑条例，以体恤百姓；始行武举殿试，以选拔文武全才；制定行军律例，以整顿军纪；颁布并更定《逃人法》，以维护社会秩序，等等。

　　以上改革措施的制定与推行，充分体现了顺治的政治才干，使他成为清朝开国时期一位刻意求治、颇有作为的年轻皇帝。

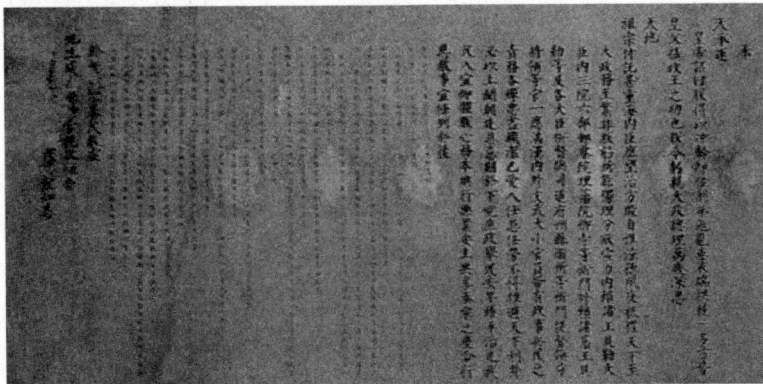

顺治亲政时，向全国颁布的诏书

057

施琅降清

顺治八年 (1651) 四月，郑成功部下施琅出逃，再次降清。

施琅 (1621～1696)，字琢公，福建晋江人。初为明朝总兵郑芝龙的部下，顺治三年 (1646)，清军出师福建，施琅随郑芝龙一起投降清朝。随后，从清军征广东，平定顺德、东莞、兴宁诸地。后郑成功起兵反清，俘获施琅。施琅从此成为郑成功部将，为郑成功收复漳浦、云霄、诏安等地立下了汗马功劳，成为清军劲敌。

顺治七年 (1650) 八月十五日，施琅向郑成功进"吕蒙赚荆州之计"，攻下厦门，占据该岛。施琅立功后，郑成功只赏给他银子，未还给他军队，致使他情绪低落，请求出家为僧。当时正值施琅亲丁曾德犯法，逃匿在郑成功的军营内，施琅将其抓回。郑成功传令不要杀他，但施琅不听，仍将曾德杀了。为此郑成功大怒，将施琅及其家属全部逮捕。不料，施琅用计逃脱，郑成功更加恼恨，于是下令将施琅的父亲弟弟以及子侄几人全部杀掉。顺治八年四月二十一日，施琅再次投降了清朝。

施琅离去后，郑成功颇为惋惜，认为施琅将来必会成为祸患。而清廷则对施琅极为重祖，初始命他做知事，继而升总兵，以后又提拔为福建水师提督。康熙二十二年 (1683) 八月，在清军征服台湾的过程中，施琅作出了重要贡献。

清政府尊孔崇理学

清朝建立和入主中原后，为了巩固政权，开始从以武力平天下转向以文治国，其中重要的一个措施就是尊孔崇理学。

清的建立者满洲人以异族入主中原，一方面为了笼络汉族士儒，并使汉族民众归顺满清政权，另一方面为了使满洲人适应新的形势的变化，学习治

北京孔庙外的"官员人等至此下马"石

大清皇帝册封至圣先师孔子五代王碑

国所必须的有关汉文化知识尊孔崇儒，以程朱理学为正宗，振兴文教。清廷尊孔祭孔之礼日渐隆备，祭孔礼仪及其活动不仅有政治、宗法、宗教方面的含义，同时也成为国家最隆重的官方教育典礼，具有指导全国教育发展方向的象征性政策意义，倍受政府重视。顺治朝便已大体恢复了前期祭孔典礼，以后诸朝又在此基础上进一步增益，使得清代文庙祀典礼大大超过前朝，清皇帝多以撰写谕文、表赞，或为孔庙、学宫题书赐额形式彰明尊孔崇儒的文教宗旨。如康熙朝时，御书"万世师表"额，悬挂于孔庙大成殿并颁直省学官。御制《孔子赞》，序颜、曾、思、孟四赞，刻石颁于直省，乾隆时，增京师孔庙大门先师庙额，御书殿门榜字；又将旧制向孔子位行二跪六拜之礼，特改为三跪九拜之礼；诏令于太学集贤门内修建辟雍，恢复了废弃500余年的帝王临雍讲学之礼。雍正帝正式颁旨，规定每年农历八月二十七日为先师孔子诞辰日，将孔子生日由朝廷正式定为官方节日，全国致斋一日。为表彰儒术，清廷又扩大招纳汉族士儒的名额，并优礼名士硕儒，"崇儒重道，培养人才"，大大刺激了士儒读书进取之

热情，开崇儒尚文之风。清政府还十分重视发展地方教育和书院教育，以不同形式奖励地方办学，著书撰文倡言教化之道。这些措施成为尊孔的主要方面。

清政府在尊孔崇儒方面的另一个主要内容则是强化理学教育的主导地位，以此对抗刚刚崛起的启蒙学派，维护孔教理学正统。清廷一再诏封朱熹后人

承袭五经博士，又将朱熹由孔庙从祀之列的地位抬升于十哲配享之列，位居孔庙从祀之列的宋元诸朝先贤先儒，也几乎全部都为理学名家。康熙帝强调，万世之道统与统，均包含在程朱所表彰的《四书》之中，程朱理学为"入圣之阶梯，求道之涂辙"。要求士儒穷心学习。科举考试也以"四书"为主，而"六经"之学以程朱理学之说为本，研读"四书"、"六经"稍有不合程朱之说者，即视为离经叛道，甚至招来杀身之祸。康熙帝还命人编撰《四书解义》刊行天下，"以此为化民成俗之方，用期夫一道同风之治"，即要用程朱理学统一士心与民心。

清政府尊孔崇理学，推动了儒学和理学的发展，促成了人们思想上的统一，在一定程度上巩固了清朝的统治。

河南内乡县衙门楣上赫然挂着"天理国法人情"的横匾，浸透了儒家治国思想的全部要旨。

清定科举条例

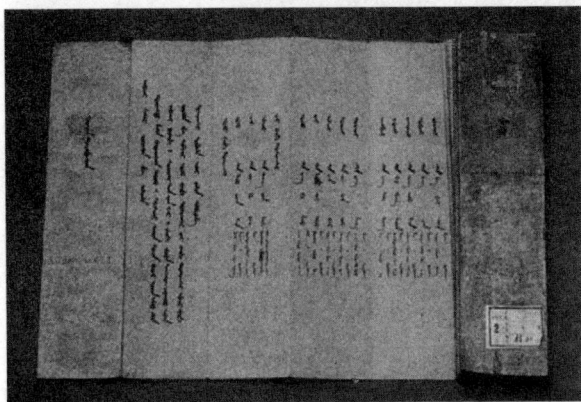
满文小金榜（清代专呈皇帝阅示的科举及第授官册）

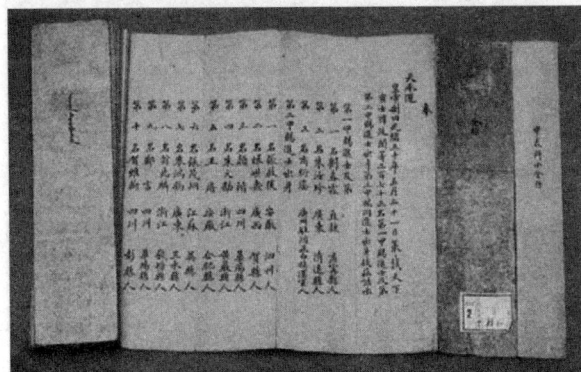
汉文小金榜

顺治八年 (1651)，清制定各直省乡试差员条例及八旗科举制，在沿用明科举制度的基础上作了修订。

清初统治者为了巩固统治，"授官治民"，顺治二年 (1645) 开科取士。清初的科举制度一如明制，科举有乡试、会试、殿试 (廷试) 三种形式。中乡试者为举人，举人在京师会试，中试者经皇帝殿试后便可授官任职，经殿试者获得进士的称号。考试仍作八股文章，专取"四书"、"五经"上的句子为题，而且只许发挥朱熹的注解。

顺治八年 (1651) 四月六日，清廷制定了各直省乡试差员的条例，其中规定：各省正副主考官分别以翰林、给事中、光禄寺少卿、六部司官、行人、中书评事等选任，各部衙门均应慎选陪送，由吏部拟定正陪，疏请皇帝任命，但已充任会试房考、

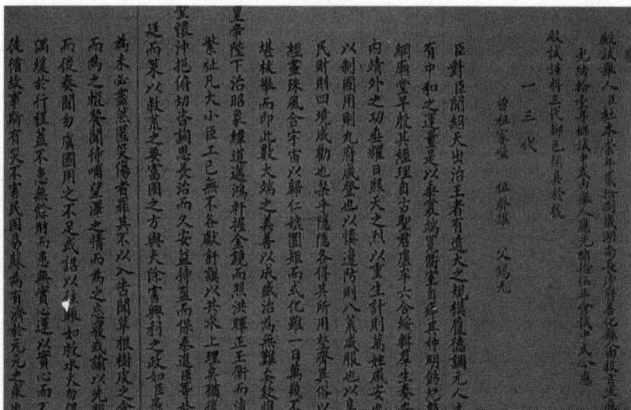

清殿试卷内页

乡试主考官的不得重选。同时又规定，房考官，顺天由吏礼二部选用，各省由巡按御史选用。六月二十七日，顺治帝又批准了礼部议定的八旗科举例，主要内容是：凡遇应考年分，内院同礼部考取满州生员120名、蒙古生员60名；顺天学政考取汉军生员120名，乡试取中满洲50名、蒙古20名、汉军50名，各衙门无顶戴笔贴式亦准应试；会试取中满洲25名，蒙古10名，汉军25名，各衙门他赤哈哈番、笔贴式哈番俱准予应试。满洲、蒙古同为一榜，汉军、汉人同为一榜。乡、会试中，满、蒙识汉字者，翻译汉字文一篇；不识汉字者作清字文一篇，汉军文章篇数如汉人例。

上述条例的颁布与实施，进一步完善了清廷的科举制度，而科

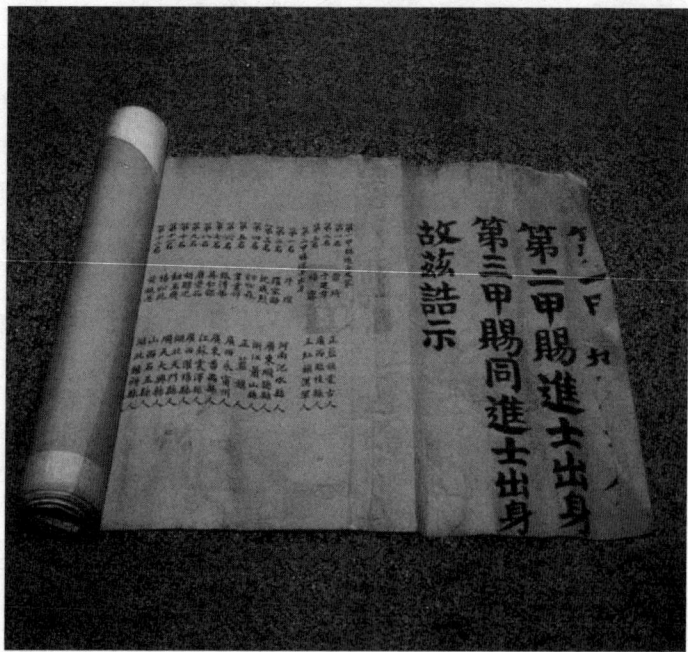

清朝用于公布殿试结果的大金榜

举的进行，既牢牢钳制了思想，又不断扩充了官僚队伍，这对加强满汉地主阶级的国家机器起了很大作用。

清建善扑营

摔跤活动是清代最为盛行的体育活动之一。有两种摔跤方式，一种是"脱帽短褥，两两相角，以搏摔仆地决胜负"，这似今天的中国式摔跤。另一种是"袒裼而扑，显蹶不释，必控首屈肩至地，乃为胜。"（《养去斋丛录》卷16) 这类似于今天国际比赛上的古典式摔跤。清朝统治者很重视善扑者，清初时，已有亲王与蒙古使臣比赛摔跤的记载。据说康熙帝亲政后曾用他们收伏鳌拜。宫廷中还专门设有"善扑"侍卫。清宫中年节宴，往往有摔跤表演："选十余岁健童，徒手枵搏，而专赌角力胜败，以仆地为定"。

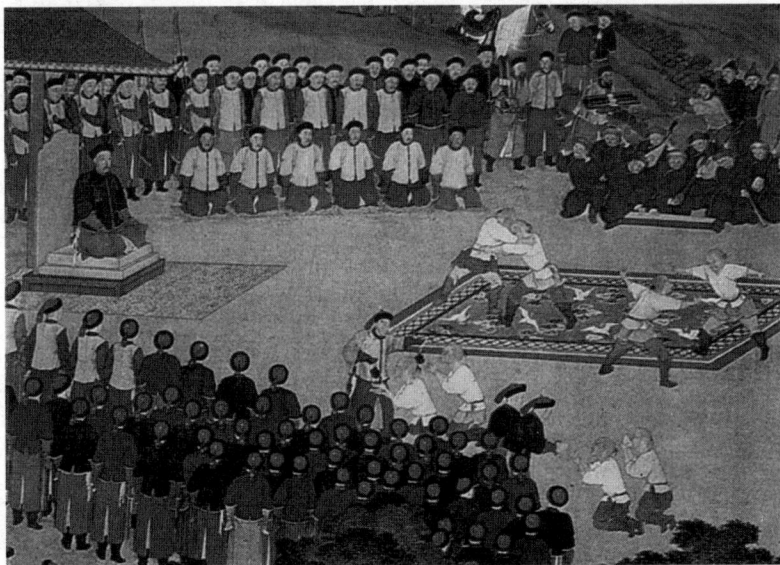

塞宴四事图

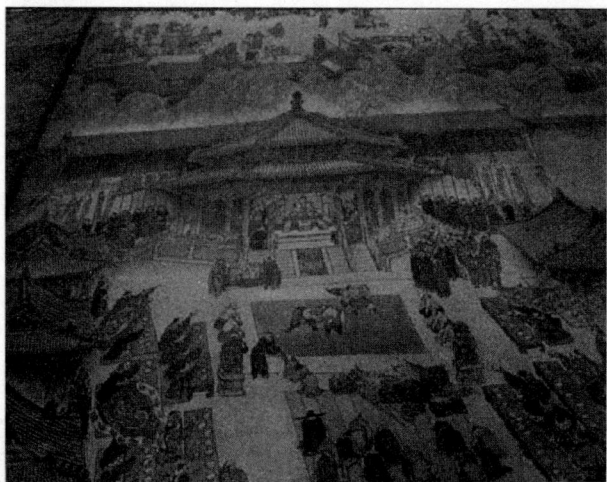

沈阳故宫古画，描绘了摔跤的情景

清代在军队建制上还专门设有"善扑营"，选八旗勇士之精练者习角抵等技艺，由都统或副都统率领。"善扑营"共分为三部分，一名善扑，两人相扑为戏，以摔倒对方者为优，设额 200 人；二名勇射，以弓力多者为优，设员 50 名；三名骗马，以矫捷者为优，也设额 50 人。善扑营的主要功能是为皇帝表演，每当皇帝御试武进士，车驾出巡，扈从宿卫，晏会蒙古藩部时，献技为戏 (清光绪续修《清会》典卷 88)。每次表演先由"善扑营进撩跤名单"，然后上场"两人对扑"(《养吉斋丛录》卷 13)。

京人俗称清代善扑营中的跤手为"扑户"，"扑户"分头、二、三、四等，按其等级给俸薪。这支摔跤专业队掌握了多种攻守方法，如捭、拖、拗、拉、跬踱、踞蹋、蹑且跬等等，能运用种种技巧，战胜对手。清代得硕亭《京都竹枝词》这样描写善扑营："布靴宽袖夜方归，善扑营中各各肥，燕颔虎头当自笑，但能相搏不能飞。"

重修北海·中南海

北海、中海、南海合称三海，中海、南海因紧密相联，又合称中南海。三海位于今北京城内故宫和景山的西侧。约公元 9 世纪，辽代皇室开始仿蓬莱仙境在今北海所在地筑建行宫，名瑶屿。金代以北海琼华岛为中心大兴土木，浚湖垒石，营建殿宇楼台，离宫别馆。又开辟中海，初具规模。元代建都北京 (当

王朝建立与巩固统治时期

北海九龙壁局部

时称为大都)，山(琼华岛)赐名万寿山，水(北海)赐名太液池，北海、中海连成一片。明代开辟南海，扩充太液池，完成北海、中海、南海三海的布局，在北海之南砌筑团城，与琼华岛广寒殿遥遥相望，并称三海园林为西苑。

清代重修西苑。顺治八年(1651)，拆除万寿山顶的主体建筑广寒殿和四周的亭子，修建巨型喇嘛塔和佛寺，万寿山遂改名为白塔山。乾隆年间，又重修白塔山的大部分建筑物，并在北海东北岸、北岸营造了许多建筑；在南海今瀛台以及中海东岸地区修建宫殿楼阁和庭院幽谷，大体形成今日中南海的格局。

重修后的西苑全园面积2500余亩(1亩为666.66平方米)，其中北海约1000亩，中南海约1500亩。水面占一半以上。其总体布局继承了中国古代造园艺术的传统。水面布置岛屿，用桥堤同岸边相连，在岛上和沿岸布置建筑物和景点。白塔山耸立于北，瀛台对峙于南，长桥卧波，状若垂虹。岛上山石和各种建筑物、各种奇花异草交相辉映。各种景点高低错落，疏密相间，点缀其中，美不胜收。

其中，北海主要景物以白塔山为中心。白塔山布置了白塔、永安寺、庆霄楼、漪澜堂、阅古楼和许多假山、邃洞、回廊、曲径等建筑物。永安寺西的悦心殿是皇帝接见群臣和理政之所，其后的庆霄楼是帝后冬日观冰嬉戏之所。山脚下有清乾隆帝所题燕京八景之一的"琼岛春阴"碑石和摹拟汉代建章宫设置的仙人承露铜像。北海东北岸则有画舫斋、濠濮涧、镜清斋、天王殿、五龙亭、小西天等园中园和佛寺建筑。岸南为屹立水滨的团城，城上承光殿规模宏大，造型精巧，周围苍松翠柏，景色怡人；殿内木刻雕龙佛龛中供奉的白玉释迦牟尼坐佛用一方整玉雕琢而成，有慈禧亲笔题写的联额。

中海主要景物有紫光阁、蕉园、颐年堂、居仁堂、怀仁堂和孤立水中的水云榭。并有清乾隆帝所题燕京八景之一的"太液秋风"碑石。

南海主要景物有瀛台，四面环水，台上为一组殿阁亭台、假山廊树所组成的水岛景区。康熙曾在此听政，后成皇帝读书消夏之所。1898 年光绪皇帝被慈禧幽禁于瀛台兰室，直至 1908 年去世。重要的建筑物有翔鸾阁、涵元殿、香扆殿、藻韵楼、待月轩、迎薰亭等。中南海中还有园中之园——丰泽园和静谷。丰泽园是清代皇帝演习耕作之所，当时一派稻禾翻浪、桑麻如林的田园风光。静谷为一山林小园，园内屏山镜水，岩奇石秀，竹柏葱茏，湖石假山堆叠手法高超，有很高的艺术价值。

北海和中南海园林大都保存至今，未遭损毁，是中国现存历史最早的皇家园林，规模宏大，布置精美，体现了中国园林高超的艺术水平。民国初年北洋政府在中南海设立总统府。中华人民共和国成立后，中共中央和国务院在中南海办公。

北海铜仙人承露

北海月夜

李定国"两蹶名王"

李定国，字宁宇，陕西榆林人，出身农家。他10岁参加农民军，作战英勇，得到张献忠的器重，献忠称王时李定国成为四统领之一，张献忠死后，李定国一部在抗清斗争中旗帜鲜明，并发挥了重要作用。

顺治九年(1652)春，清军大举进攻贵州、川南。三月，李定国受命率大西军东征湖南，一路势如破竹，所向披靡，并向广西胜利进军。六月底攻克广西门户全州(今全县)，然后领兵急趋桂林。清定南王孔有德闻讯急派将领镇守严关，定国诸部包抄阻击，清军大败。七月一日，孔有德自率精兵与李定国战于榕江。李定国用战象突阵，清军狼狈逃窜，尸横遍野，孔有德负伤弃甲，仅以身免，退守桂林。四日，李定国包围桂林，并以云梯攻城，迅破武胜门。孔有德仓皇计穷，手刃其家室后自焚而死。

桂林失陷、孔有德自焚的消息传到北京，清廷朝野震动。十五日，清廷为挽回败局，急派敬谨亲王尼堪为定远大将军，率师往湖南、贵州征讨大西军。李定国侦知消息，主动撤出长沙，在衡州附近蒸水设伏。十一月二十三日，尼堪率清军进攻衡州，双方激战一夜，李定国佯败，尼堪率军穷追，遭李定国伏击，被斩于阵前。

李定国一部在一年之内连杀两名清兵统帅，取得了抗清斗争的惊人战绩。黄宗羲在评述这次战役时说：李定国桂林、衡州之战，"两蹶名王，天下震动，此自万历戊午(1618)以来所未有也"。

黄宗羲论君主

明末清初的中国，阶级矛盾和民族矛盾异常尖锐，将封建社会政治、经济、文化等领域的弊端进行深入的剖析和尖锐的批判已是当时思想家们的当务之急，因而反封建专制的进步思潮的涌动已势在必然，黄宗羲、顾炎武、王夫之、唐甄等无疑是这一时代浪尖上的"弄潮儿"，而黄宗羲对君主否定的论述则更具近代启蒙思想色彩。

黄宗羲 (1610 ~ 1695)，字太冲，号黎洲，浙江余姚人。他中年时期参加过抗清斗争，失败后，怀着强烈的民族气节，始终不仕清朝，而致力于著书立说。他的主要著作有《明儒学案》、《宋元学案》和《明夷待访录》等。

黄宗羲的杰出贡献在于他的政治思想方面。他激烈反对君主专制制度。他认为：上古三代的君主，实质上是由公众选出为大家谋利除害的公仆。但是后来，君主却把个人利益置于社会公共利益之上，为了满足个人的欲望，肆意损害公众的利益，把天下、国家视作个人私产。他们为了争夺私利，不惜发动战乱，荼毒生灵，驱使人民投入战争，以便增加自己的财富。这使得灾乱濒仍，人民无法安居乐业。得到政权以后，他们为了尽可能多地榨取财富，逼得人民妻离子散、家破人亡，又将所获取的财富完全用于一人的淫乐，可见君主是天下纷争不息的直接造因。君主专制政体下的国家，完全笼罩在黑暗统治之中，所有的社会弊病也根源于此。最后，他得出了在当时惊世骇俗的结论：君主是天下最大的祸害。这种怒吼无疑是尖锐并具有卓越胆识的。

黄宗羲还进一步批判了封建专制主义的法制。他指出，专制帝王的法，是"一家之法"，因而是非法的。他认为这种"非法之法"不仅是祸乱的渊薮，而且束缚了天下人的手足。因此，他强调应建立"天下之法"的法制。黄宗羲在对封建君主进行猛烈抨击的同时，也为未来设计一个理想的社会。在这个理想社会里，以限制君权的措施来达到"修齐治平"的改良目的。首先要制定"天下之法"，废止封建帝王的"一家之法"。第二要恢复明代废止的宰相制，用宰相分散皇帝的权力。在国家最高机关里，君臣共议国政，地位平等，而不是"君为臣纲"的主奴关系。第三要加强社会舆论的力量来约束君主的言行。国家设学校，学校不仅为国家培养人才，而且也要参予国家政治机构，校长可对皇帝和大臣进行教育和批评。总之，在法治原则下，可以不废除君主，但最高权力在内阁和学校。

黄宗羲对封建君主及专制制度的批评和对未来社会的设想，带有初期民主思想色彩，对中国近代的思想界产生了重要影响。

谈迁重修《国榷》

清顺治十年(1653)，明末清初著名史学家谈迁以明实录为基础，遍查群籍，撰成明史《国榷》一书。

谈迁(1594～1657)，原名以训，字仲木，号射父。明亡后改名迁，自称"江左遗民"。浙江海宁人。终身不仕，以编书、做幕僚为生。喜好博综，子史百家无不致力，对明史尤为精通。他鉴于明朝官修史书失实较多，私家撰述又讹陋肤冗，便立志编纂一部详实有据的明朝史学。因而自明天启元年(1621)开始撰写《国榷》，历时六年，六易其稿，完成《国榷》初稿。

清顺治二年(1645)，谈迁回原籍，增补《国榷》中崇祯、弘光两朝史事。四年，书稿被人盗走，谈迁在悲愤之余又鼓起余勇，重新编写。顺治十年，应弘文院朱之锡之聘，携稿赴京，探求公私著述，遍访故明遗老，利用邸报及公文等政府档案材料，校补厘订《国榷》。《国榷》108卷，包括正编104卷，卷首4卷。正编以编年体记事，起于元文宗天历元年，止于弘光元年。其撰写依据除明代历朝实录和邸报外，还有明代野史著名作家郑晓、薛应旂、王世贞等所著私史百多种。因此，《国榷》所提供的资料不仅丰富，而且相当可靠。其中有许多史实为明实录所缺载，有的则修正了明实录的错误。它对于万历以后的几朝历史记载特详，并且详细记载了建州女真的历史，这对明代后期史的研究以及清朝先世史的研究，都有重要的史学价值。

清初三陵建成

明末清初，女真族在东北兴起，随后势力不断扩大，最后进军中原，建立清朝。在统一全中国之前，清朝统治者的皇家陵墓主要还是分布于东北，共有三座陵墓群：永陵、福陵和昭陵，通称"关外三陵"。

永陵是清帝的祖陵，包括清太祖努尔哈赤的父亲、祖父、曾祖、远祖及

昭陵正门

皇帝祖先等五座陵墓。它坐落于辽宁省新宾县永陵镇，北依启连山，南临苏尔河。永陵的形制较为简单，无方城、明楼、石象生等礼仪性建筑。前院入口的大红门，面宽三间，单檐歇山顶。大红门后并列横排着四座碑亭，每座碑亭都是单檐歇山顶。碑亭后面是祭祀用的大殿——启运殿，也是单檐歇山顶。启运殿后面有五个低矮的小丘，即为五座陵墓。

　　福陵位于辽宁省沈阳市以东，又称东陵，是清太祖努尔哈赤和皇后叶赫纳拉氏的合葬墓。昭陵位于沈阳市以北，又称北陵，是清太宗皇太极与皇后博尔济吉特氏的合葬墓。东陵和北陵建筑规制和永陵基本上相同，但在规模、质量和建筑艺术上却远远超过永陵。福陵和昭陵形制类似。大红门外都有石狮、华表、石牌坊作为前导，大红门是单檐歇山顶，门内排列着狮、马、驼、虎等石象生雕像群，像群后面是"神功圣德碑亭"，亭后才是整个陵墓的主体建筑——方城。方城周围由城墙构成，城墙南面有一座三层的门楼——隆恩门，城北有明楼，方城四周建有角楼、高大的城墙和六座城楼，使得方城气势非凡。方城里面建有隆恩殿和东西配殿，隆恩殿后面是宝城，呈月牙形，宝城中央有圆形宝顶，宝顶下就是安葬帝王及皇后灵柩的地宫。

由于清初统治者尚未统一全中国，因此陵墓建筑无论从规模还是建筑艺术上来说，都远远不能同清朝以后的皇家陵墓相比拟。

李士材学派创立

李中梓 (1588～1655)，字士材，号念莪，又号尽凡居士。江苏南汇（今属上海市）人。研究医学 20 余年，博采众家之长，临证常获奇效，而求治者众。著作有《内经知要》、《医宗必读》、《药性解》、《伤寒括要》、《颐生微论》以及由《诊字正眼》、《病机沙篆》、《本草通玄》合成的《士材三书》等。内容精要，由博返约。对《内经》、《伤寒论》及宋元时期医学著作钻研尤深。理论上侧重于脾肾和人体的阳气。其著名论断"先天之本在肾"，"后天之本在脾"；"气血俱要，而补气在补血之先；阴阳并需，而养阳在滋阴之上"，素为医家所重。继之者沈朗仲、尤怡均成名医。后世称之为"李士材学派"。

永历建都昆明

顺治三年 (1646)，明朝旧臣丁魁楚联络广西巡抚翟式耜、广东巡抚王化澄、锦衣卫马吉翔、太监庞天寿以及吕大器、方以智、金堡等人，拥立桂王朱由榔，在十一月十八日即帝位于广东肇庆，改次年 (1647) 为永历元年。

永历政权自成立之日起就一直处于风雨飘摇之中，外有清兵强敌压境，后有大臣权党之争。顺治八年至顺治十二年 (1651～1655) 间，朝廷大权由孙可望执掌，他野心勃勃，"挟天子以令诸侯"，直至后来欲"取帝位而代之"。朱由榔为保住帝位，于顺治十三年 (1656) 初密令李定国统兵护驾。李定国率兵星夜兼程，将朱由榔由贵州护送至云南，永历小朝廷脱离孙可望的控制后，举朝相庆，并议定奠都昆明，改云南府为滇都。这是明朝历史上最后一个都城，而其所辖疆土只剩西南一隅之地。

三殿三阁制定形

清初，议政王大臣会议是最高的中枢机构，政府权力集中在少数满族贵族手中，不适合中原统治的需要，随着王公旗主势力的削弱而趋于衰落。顺治十五年(1658)改内三院为内阁，大学士兼殿阁衔，共分四殿二阁：中和殿、保和殿、文华殿、武英殿、文渊阁、东阁，乾隆时减去中和殿，增加体仁阁，遂成三殿三阁之制。

内阁设在午门内、太和门外，通常设大学士4人、协办大学士2人，内阁学士、侍读学士等属官若干。清初大学士仅为五品官，雍正时提升为正一品。品级最高，但主要职权不过是听命皇帝草拟诏旨而已。雍正年间设立军机处后，军政大臣集中军机处，内阁实际上名存实亡。由于内阁大学士位虽尊而权不重，因此常常作为对某些大官明升暗降的一种措置，以调整统治集团内部权力关系的平衡。

龙门派中兴全真道

金代王重阳，创立了道教两大宗派之一全真道，元代成吉思汗大力扶植道教，全真教处于全盛阶段。明代，全真道不受朝廷重视，正一道取代了其在道教中的统治地位。清代，诸帝好理学与禅学，不喜欢正一道的符箓斋醮，对全真道的道禅融合及清静无为比较有兴趣，故而在贬抑正一道时对全真道有所褒扬，如雍正帝以"大慈园通禅仙紫阳真人"封南宗祖师张伯端，并在《御选语录》中选入其《禅宗诗偈》，就连对道教大加贬抑的乾隆皇帝，也拨款修白云观，两度亲至白云观礼敬，并为丘处机书楹联。全真教兴盛一时和龙门派大力中兴全真教是分不开的。

龙门派第七代道士王常月，被誉为全真中兴之祖。王常月，号昆阳子，山西潞安府长治县人，曾师从赵复阳学道。得《天仙大戒》。以振光教脉、恢复全真祖风自任，全力整顿全真教。他采取的措施主要是清整戒律，取得

王朝建立与巩固统治时期

白云观藏邱长春真人道行便装像

了极大的成功，开创了清初全真道兴旺的盛况。

王常月倡导修道以持戒为首要功行。他的弟子将他开坛说戒的讲稿整理成《龙门心法》。这部书使全真道由重丹法而转变为重戒律，对清代全真道影响最大。《龙门心法》共有二十讲，理论要旨是认为修道首先要树立信仰，皈依三宝：道、经、师。而皈依三宝之要在于皈依身、心、意"真三宝"，认为持戒须一丝不苟才能功德圆满并振兴教风，全真道教徒在人们心目中的形象大改。王常月之后，又出现了陶靖庵、周明阳等一批有影响的高道，使龙门派得到较大发展，全国南北各地都有其信徒，盛况如同禅宗中的临济，因而世有"临济、龙门半天下"之说。

顺治、康熙年间，全真教龙门派大盛于世：顺治十三年 (1656) 三月，王常月奉旨主讲白云观，赐紫衣，3 次登台说戒，度弟子千余人，使各地道流纷纷上京受戒。康熙二年 (1669)，王常月率徒南下，到南京、杭州、湖州、武当山等地立坛授戒，入教者很多。康熙十三年 (1680) 王常月去世后，他的弟子继续在各地开坛授戒，形成若干龙门支派，还有一些弟子四处传道或隐居修道，被康熙赐号"抱一高士"的王常月衣钵弟子谭守诚则住持京师白云观。全真教龙门派占据了道教的重要地位。

悬空寺

全真教的道教理论在清初亦有较大进展，如龙门派第十一代道士刘一明（1734～1821）是一代内丹学大家，著有《道书十二种》，主张性命双修而要循序渐进，融会了儒佛道三教的精髓，对后世影响很大。

正一道衰落

西晋永嘉年间，天师道张道陵的四代孙张盛移居江西龙虎山，尊张道陵为"掌教"、"正一天师"，从此天师道称为"正一道"。元代以后，正一道和全真道同为道教两大教派，成为符箓各派道教的总称，盛极一时。到了清代前期，由于清政府热心于提倡有助于满清统治中原的儒学和藏传佛教，因此将道教视为汉人的宗教，在保护的同时略有歧视。对于正一道，清代诸帝并没有崇信之人，也不像明代诸帝那样对斋醮祈禳颇为热衷，因而使正一道的原有社会地位有所下降。再者，由于道教本身在理论上缺乏更新和创造，墨守陈规，故虽仍有众多的信徒，但总体景况已大不如明代，出现了停滞与衰落的形势。在这样的背景下，正一道逐渐衰落。

雍正之前的皇帝还算比较重视道教。如清初顺治皇帝晓谕龙虎山正一道天师世家，明确表示不废正一清静之教，给在世天师一品印，袭职掌理道箓，但不得干预教外诸事，严禁犯法生事，只宜遵守法纪，谨德修行，约束族属和教徒法祖奉道。五十二、五十三代天师张应京、张洪任各有加封。康熙帝也给五十四代天师张继宗加官晋爵。雍正帝则沿用康熙旧例，敕封五十五代天师张锡麟，并为正一道道宫封赏，认为道教有济人利物之功验而不悖儒家存心养气之旨，召正一道士治病驱邪。从乾隆皇帝开始，清皇开始贬抑道教，不断降低正一真人的品级，不许其入朝臣班行，只是偶尔略施怀柔政策而已，致使正一道张天师的声誉和地位日益低微，不复显赫。

正一道派的道教理论在清代也缺乏创意，能以其学显于世而道术造诣高深的，只有龙虎山正一法官娄近垣一人而已。娄近垣整理和重刻了《黄箓科仪》，集清初道教斋醮科仪、牒文、符箓之大成，并著《阐真篇》倡佛仙圣三教同道一心之说。但其时正一道与全真道虽各自保持教派差别的名义，在教义教理上已多融合，正一道并无自己独特之处，且益走上衰落之路。

清设宗人府、内十三衙门

顺治亲政后，为完善统治机构，曾先后设立宗人府和内十三衙门。

宗人府设立于顺治九年（1652）四月，专管皇室宗族属籍，纂修玉牒（谱系），处理皇族事务。该衙门置宗令1人，由亲王、郡王担任；左右宗正各2人，由贝勒、贝子兼摄；宗人2人，由镇国公、辅国公及将军兼摄，以下还有启心郎、秩视侍郎、府丞等正官以及九种属官。宗正、宗人辅佐宗令办事。启心郎为满臣译员，负责把汉语译成满语，府丞掌校汉文册籍，左右二司分掌左右翼宗室、觉罗谱牒，序录子女嫡庶、生卒、婚嫁、官爵、名谥，并核查承袭次序、秩奉等，堂主事掌清文奏稿，汉主事掌汉文典籍，经历掌出纳文移，笔帖式掌翻译文书。

顺治十年（1653）六月，顺治又谕示内院，设置内十三衙门，定内监之制。十三衙门为：乾清宫执事官、司礼监、御用监、内官监、司设监、尚膳监、尚衣监、尚宝监、御马监、惜薪司、钟鼓司、直殿局、兵仗局。这些新建立的衙门，即是把明朝二十四衙门缩小成八监三司二局，等于凡有关皇帝的事务一切由充任这些衙门官职的近臣和宦官掌握，其实质是削去了内务府的职掌。尽管对内十三衙门规范较严，如：官不过四品，内员非奉差遣不许出皇城，职司之外不许干涉一事，不许招引外人，不许结交外官，不许弟侄亲戚暗相勾结，不许借弟侄等人名义置买田屋等。顺治十二年（1655）六月，顺治帝还设立铁牌，严禁内监擅政，但几年之后，宦官之恣肆仍相当严重。顺治十八年（1661）遂将这些衙门尽行革去。

清代用以册封皇后、王子、公主、驸马、宗王等封号的黄绫折子

结党行私案发

顺治八年（1651）五月，外转御史张煊上疏参劾吏部尚书陈名夏结党行私，铨选不公，引出陈名夏"结党行私"案。

陈名夏，江西溧阳人，初为明朝进士，官至给事中，曾投李自成，后附福王，不久又降清，任吏部尚书、弘文院大学士、秘书院大学士等，颇受福临信任。

顺治八年（1651）春天，陈名夏奉朝廷命，为甄别都察院台员事，与主管都察院左都御史的大学士洪承畴同往火神庙密议，但未避山西籍御史张煊。名单奏准后，张煊见自己被列入"应外升"台员之列，十分恼怒和怨恨，于是于当年五月上疏参劾陈名夏结党行私、铨选不公。这是陈名夏仕清后第一次被人参劾。当时，顺治帝正出外游猎，代行政事的巽亲王满达海见疏后，一面拘留了陈名夏和洪承畴，一面迅速报告了顺治帝。顺治帝得讯后亲审此案。陈名夏为自己百般辩解，指出提升陈之遴的是吏部满尚书谭泰，与己无关，而谭泰也竭力为陈名夏开脱。最后议定，张煊参劾之事不实，依法处死，陈名夏不仅无罪，反被授予内翰林弘文院大学士，晋少保兼太子太保。但不久，谭泰因擅权被杀，陈名夏、洪承畴又被发交郑亲王济尔哈朗处重新审理。洪承畴在审讯中"招对俱实"，而陈名夏始则厉声强辩，闪烁其词，词穷后即哭诉投诚清廷之功，请求宽大，被顺治帝骂为"辗转矫作之小人"，革职发往正黄旗汉军下同闲散官随朝办事，张煊因此得到了昭雪。

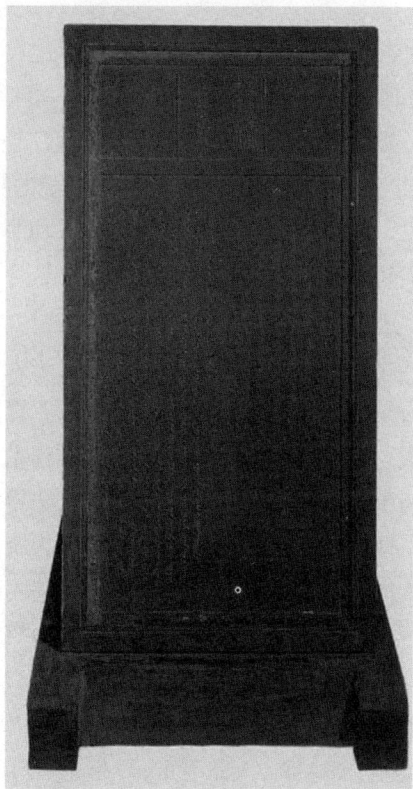

鉴于明代宦官干政、吏治日趋腐败，
清世祖特设了"顺治铁牌"，以限
制宦官权限。

清更定逃人法

顺治九年（1652），十一年（1654），鉴于逃人屡禁不止，顺治帝再次更定逃人法。

早在努尔哈赤时，为防止不堪忍受奴役的奴仆逃亡，后金制定了追捕逃人的禁令。到皇太极时又不断增补修改。入关以后，清廷正式将有关"逃人"的法令命名为《督捕则例》，内容相当繁杂。顺治三年（1646）五月清政府曾重新修改逃人法，此法除对逃人进行处罚外，更明显的特点还在于严惩窝主。顺治九年（1652）五月，清廷更制定了隐匿、查解逃人功罪例，对窝主苛责更严，并实行连坐法，窝主邻里及当地官员都要受牵连。尽管如此，逃人仍与日俱增，仅顺治十一年"逃人多至数万，所获不及十一"。为了加强镇压逃人，清政府又于顺治十一年专门成立了督捕衙门，严究逃人。清政府的这些措施导致了许多弊端。一是地方无赖往往通过旗下奸人，冒充逃人，妄指平民为窝主来进行敲诈勒索，疯狂一时。二是逃人因惧株连亲邻，只好到处流浪，成为流民，十分不利于封建秩序的稳定。鉴于逃人法导致的这些危害以及此法本身量刑的酷厉，社会各阶层普遍起来反对。作为统治阶级成员的汉族官吏，出于对满州贵族拥有特权的不满，以及维护封建租佃制、反对农奴制的要求，在朝廷中激烈反对逃人法。顺治帝本人也觉得该法"立法太重"，于是于顺治十一年九月下诏予以更定。顺治十四年（1657）二月十三日，顺治又在谕旨中指出：本法制定以来，仍有奸徒乘机诈害，致使弊端百出；近几年处决之重犯，半数犯了窝逃罪，人命至重，"于心不忍"，令议政王大臣"妥确具奏"。二十六日议定：窝主免死，责四十板，面刺"窝逃"字，并家产、人口入官，听户部酌量给八旗穷丁。至此，清统治者逐渐放宽了逃人法。

清册封达赖

顺治十年（1653）四月二十二日，顺治帝封达赖五世为"达赖喇嘛"，确定了达赖在西藏的政治、宗教地位。

达赖五世罗桑嘉措嗣位于明崇祯十年（1637），当时即遣人至清盛京进书献方物，清也遣使通聘。清入关后，多次派人前往西藏，延请达赖。顺治九年（1652）十二月十五日，达赖五世至京师，在南苑谒见顺治帝，清廷给予达赖隆重礼遇。次年正月十一日和十六日，福临两次在太和殿宴请达赖五世，并赐金器、彩缎、鞍马等物。十七日，又命诸王依次宴请。二月二十日，达赖五世辞归，清廷派和硕承泽亲王硕塞同贝子顾尔玛、吴达海率八旗官兵

西藏五世达赖喇嘛罗桑嘉措觐见顺治皇帝（布达拉宫壁画）

护送至代噶地方。四月二十二日，顺治帝遣礼部尚书觉罗郎球、理藩院侍郎席达礼等将封达赖五世为达赖喇嘛的金册、金印（文用满、藏、汉三种文字）送往代噶地方。封达赖五世为"西天大善自在佛，所领天下释教普通瓦赤喇怛喇达赖喇嘛"，达赖从此正式得到"达赖喇嘛"的称号。五月十日，达赖从代噶起程回藏。六月十二日，达赖喇嘛上表谢颂赐册印及封号，附献马飞、琥珀等物。

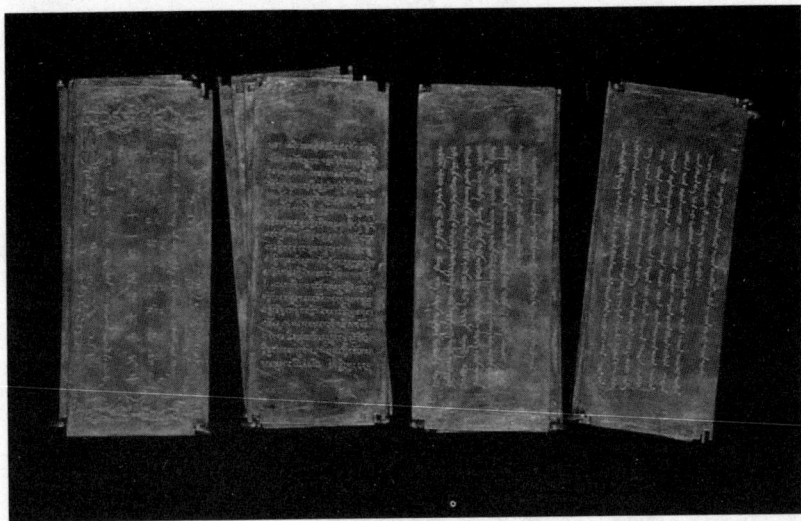

敕封达赖的金册

李玉领导苏州派

明末清初，苏州及附近地区出现以李玉为中心的戏曲作家群，有李玉、朱佐朝、朱素臣、叶时章、邱园等十几位专业作家，史称"苏州派"。苏州派是中国戏曲史上阵容最强大、成果最显著的一个流派，活动四五十年，创作了约150部剧本，有近60种全本传世。

苏州派作家多是专业戏曲作家，创作力特别旺盛，作品很多，但刊刻极少，现存的多为舞台演出抄本。他们的作品表现出的思想内容比较复杂，一方面富于强烈的现实批判精神，一方面又浸透了浓重的封建伦理观念。

艺术上，苏州派戏曲作品总是密切联系舞台实际，剧本形式短小精悍，长则30余出，短则25出，一反明代传奇长篇累牍的状况，是一种大胆的革新。他们的剧作故事性强，情节曲折，穿插了许多激动人心的场面，多采用双线并行的结构，角色设置均匀得体，音乐、语言等各方面都适宜舞台演出。这些特点，使苏州派成为清初剧坛上独树一帜、影响深远的派别。

苏州派代表人物李玉字玄玉，号苏门啸侣，江苏吴县人，生活在明万历到清康熙年间，他出身低微，潜心进行戏曲创作和研究，剧作录于各种曲目书中的有42种，其中《一捧雪》、《人兽关》、《永团圆》、《占花魁》、《清忠谱》、《千钟禄》等18种存有全本，其余部分或全部失传。他的代

笠翁十种曲插图·怜香伴

表作前期为"一、人、永、占",以描写人情世态为主要内容,后期作品较多描写历史上和现实中的政治斗争。《清忠谱》是他最重要的作品,写天启年间发生在苏州的市民斗争,成为我国戏剧史上迅速反映当代重大社会事件的著名作品。

苏州派作家的努力,促进了清初昆曲创作的繁荣,为清代前期出现以"南洪北孔"为代表的戏曲高潮奠定了基础。

朱素臣《秦楼月传奇》插图

俄国使臣来华

顺治年间，俄国使臣三次来华。顺治十二年（1655）五月二十四日，俄国使团的先遣者阿布林到达北京。由于他未带表文，顺治"特颁恩赐"，令其带回，"昭朕柔远至意"。顺治十三年（1656）初，巴伊可夫率领的俄国正式使团到京。清廷命使团先交出国书和礼物，然后由皇帝接见；而巴伊可夫则坚持皇帝接见时交国书和礼物，并称接见时只行国礼，不跪拜，立而授表文。清廷以使团不谙朝仪，不令朝见，退其贡物后令他们立即回国。第二次是顺治十四年（1657），俄使臣又携带表文至京。第三次是顺治十七年（1660），俄国使臣佩尔菲利耶夫、阿布林等受俄国沙皇的派遣，携带沙皇的国书，于五月三日到达北京。俄国使团此次来华的任务主要着重于同中国的贸易。由于表文中沙皇自称大汗，"不遵正朔"，"语多不逊"，清廷群臣提出应退其贡物，驱逐使臣。顺治帝下诏谕示，对表文中矜夸不逊处可加涵容，令议政王大臣宴请，察收贡物，"量加恩赏，但不必遣使报书"。

荷兰使臣来华

顺治年间，荷兰为谋求解决中荷两国贸易问题，两次遣使来华。第一次在顺治十年（1653）初，荷属巴达维亚（今印尼首都雅加达）总督卡里雷涅兹获悉中国皇朝改元，派使者到广州，要求平南王尚可喜、靖南王耿继茂允许通商贸易。两王不敢擅作主张，上报朝廷后，顺治帝以无表无贡、诚敬不昭为由，拒绝贸易。第二次在顺治十二年（1655），巴达维亚新任总督如翰没碎格正式遣使来华。使者携带的总督给顺治帝的信中要求"凡可泊船处，准我人民在此贸易"。次年二月荷兰使者由广州动身进京，曾受到礼部的宴请和顺治帝的召见。使者所带礼物相当厚重，表明荷兰要求与中国通商的迫切心情。但顺治帝只把来使当作一般的属国通贡，并未准诺其自由贸易的请求。荷兰使者又一次扫兴而归。

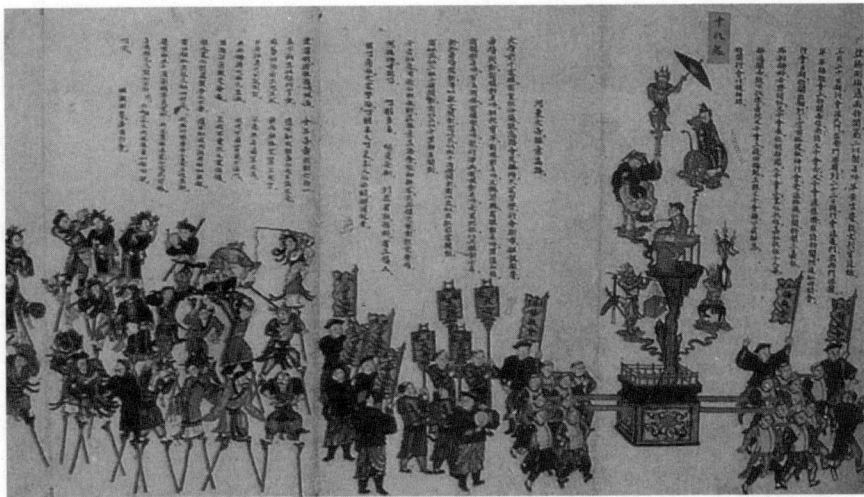

天后宫过会图。描绘清代天津各界人士在天后宫街道上举行重大活动。

宁完我参劾陈名夏

　　清初，朝臣不仅有满汉间的区别，南北汉族之间也有矛盾。顺治八年（1651）宁完我参劾陈名夏一案，就是一例。

　　江南降官陈名夏，继顺治八年（1651）遭御史张煊参劾，降职留用后，顺治十一年（1654）三月，又遭辽阳人、时任满洲议政大臣的宁完我参劾。宁完我以汉官受任议政大臣，自感颇为得势，对以陈名夏为代表的南人汉官大加打击。他密疏参劾陈名夏"结党怀奸、情事叵测"，揭发陈名夏说"只须留头发，复衣冠，天下即太平"以及"涂改诏旨、结党行私、循情纳贿、纵子肆虐"等七罪。疏入，顺治帝命令内三院、九卿、科道、詹事等官在午门外会审陈名夏，从重定罪。初议陈名夏论斩，顺治帝以其久在自己身边任职，改为处绞。陈名夏一案，是对南人汉官的一次重大打击。

十八先生之狱

顺治十一年、南明永历八年（1654）三月六日，南明秦王孙可望挟持永历帝朱由榔，杀害永历王朝18位大臣，这就是历史上流传的"十八先生之狱"。

随着大西军据有云贵及出兵四川、湖南和广西，孙可望的个人野心也不断膨胀，顺治九年（1652）冬，他派人把永历帝接到贵州安隆所（今安龙），逼其封他为秦王，并且"挟天子以令诸侯"，设内阁六部，立太庙，定朝议，安排亲信执掌朝事。而一些权臣见风使舵，画出"尧舜禅受图"，逼永历帝让位。朱由榔为保住帝位，令告给事中徐极等5人，秘敕李定国统兵保驾。这个消息被宦官密报孙可望。孙在盛怒之下，严刑拷掠与事诸臣，并于三月胁迫永历帝下诏处死大学士吴贞毓及刑科给事中张镌、翰林院检讨蒋乾昌等18位大臣。临刑前，吴贞毓等神色不变，各赋诗大骂而死。

十八大臣死后，孙可望不敢明目张胆取永历而代之，但与李定国的矛盾却日趋激化，加速了分化抗清营垒的步伐。

侯方域逝世

顺治十一年（1654）十二月，诗人侯方域去世。

侯方域（1618～1654），字朝宗，河南商丘人，其父、祖均为明朝封疆大吏。侯方域多年居住北京，21岁时赴南京参加考试，不第，遂回河南老家。其时，他主盟复社，与方以智、陈贞慧、冒襄齐名，称"明季四公子"。清兵入关后，他携家避往南京。朱由崧（南明福王）在南京建立政权后，阮大铖受到重用。阮借机排除异己，罗织罪名通缉侯方域，侯方域不得不出走扬州史可法军中。顺治三年（1646）五月，南京不战而降，侯方域于是年秋天回到老家商丘。"扬州十日"后，侯方域许多朋友都以身殉国，侯本人也表示决不仕清。不料，

侯方域像

顺治七年（1650），清朝直隶、河南、山东三省总督张存仁召见他，并多次致书询问对付榆圆军的办法。侯方域写了《上三省督府剿议》条陈，提出了对付榆圆军的 10 点建议。顺治八年（1651）他参加河南乡试，最终降清。

侯方域是著名诗人，其诗文词精炼，极有特色，所写古文刚健苍劲，标新立异，被人比之于唐宋八大家。名作《李姬传》颇具浪漫气息，孔尚任据此演为《桃花扇》传奇。其作品结集为《壮悔堂文集》、《四忆堂诗集》。

顺天、江南乡试案发

顺治十四年（1657）十月十六日，顺天科场案发，同时，江南也发生科场作弊案。

本年顺天乡试科场，参加考试的生员有 4000 人、贡监生 1700 余人，而录取名额只有 206 名。当时翰林侍读曹本荣、侍讲宋之绳为主考官，大理事左右评事李振邺、张我朴和国子监博士蔡元禧等 14 人同为房考。由于应试者多，录取名额少，所以许多士子辇金载银，齐集京师，或直接贿赂考官，或辗转托人以行贿。而诸考官也欲借此交结权贵，为日后升迁寻找门路，故而大肆接受贿赂，私许密约考生，其数额竟接近千人，超过录取名额的四五倍。房考李振邺还将 25 名行贿者书写纸上，以便入围后寻对。诸考官面对僧多粥少的局面，煞费苦心。经反复推敲、权衡利弊，最后制定了两条以士子父辈

北京贡院——清代科举考场

王朝建立与巩固统治时期

爵位高低财产丰薄为顺序的录取标准：爵高者必录，爵高而党羽少者次之，在京三品以上官员子弟无不中；财丰者必录，财丰而名不素布者又次之。榜发后，众考生大哗，途谣巷议，怨声四起，揭发检举的纷纷出现。十月十六日，刑科右给事中任克溥上疏参奏，指出顺天乡试弊窦很多，并举例说：中试举人陆其贤是用银3000多两，同科臣陆贻吉向考官李振邺、张我朴贿买得中的，而且这类事情不在少数。顺治接到奏疏后极为重视，命令吏部、都察院严讯。案情清楚后又于二十五日发布谕旨，指出科场为取士之大典，关系最为重大，况且京师科场为各省之观瞻，岂可恣意贪墨行私、目无法纪？于是下令对与此案有关的李振邺、张我朴、蔡元禧、陆贻吉、项绍芳及行贿有据的举人田耜、邬作霖等立即处斩，家产籍没，父母兄弟妻子共108人流徙宁古塔。同时，又穷追到底，株连甚广，以致"朝署半空，囹圄几满"，迁延半载，病、死者不绝于耳。十一月十一日，顺治帝又命中试举人复试。次年正月，复试进行，顺治亲临试场。二月十三日，取中182名，仍准会试。8名文理不通者，革去举人。四月，顺治又亲自审讯了此案其余罪犯，将其中一些人及其家属流徙尚阳堡。

在顺天乡试案的同时，江南科场也发生舞弊案。江南举行乡试时，主考官方犹、钱开宗徇私受贿，弄权舞弊。榜发后，士子大哗大忿，相聚哭文庙，殴考官，物议沸腾。工科给事中阴应节为此上疏参奏。十一月二十五日，顺治命将方、钱二人及同考官俱革职，并同中试举人方章钺一起解京严审；命总督郎廷佐速行严查科场中一切弊端，将犯人解交刑部。次年三月十三日，顺治亲临江南复试举人。十一月二十八日，此案审结，主考官方犹、钱开宗立斩，妻子家产籍没；同考官叶楚槐等17人俱绞立决；举人方章钺、吴兆骞等8人俱责40板，家产籍没，与父母妻子兄弟流徙宁古塔；刑部尚书图海等办事不力，或革去加衔加级，或降级革任。

"科场舞弊"在封建社会里本属司空见惯，但这次以顺天、江南两省为代表的科场案波及之广、治罪之惨为历史所罕见，后世史书即称之为"丁酉之狱"（顺治十四年为农历丁酉）。

清兵击毙俄军官

顺治十五年（1658），沙俄入侵军官斯捷潘诺夫被击毙，骚扰黑龙江流域8年之久的沙俄侵略者被消灭。

俄人从1644年起即侵入中国，他们窜入黑龙江流域，到处烧杀抢掠，引起了当地居民的激烈抵抗。顺治九年（1652）四月，清朝驻防宁古塔章京海色奉命进击俄军驻扎的乌扎拉村，给侵略者以一定打击。但以斯捷潘诺夫为首的侵略者继续沿江屠杀和洗劫。1654年夏初，斯捷潘诺夫一伙窜到松花江下游时，遭到了清固山额真明安达哩所部的坚决堵击，几乎被歼灭。斯捷潘诺夫率残部逃到呼玛尔河口筑堡过冬。次年二月，明安达哩率部追至呼玛尔堡，在城外伐木造船的20名侵略者首先被歼。斯捷潘诺夫得报后，派出87名匪徒寻衅，也被消灭。清军四面包围呼玛，以箭附书射入城内，令沙俄入侵者投降，但侵略者据险顽抗。二十七日午夜至次日天明，清军利用云梯、钩竿、火药猛烈攻城，给侵略者以重大杀伤。后因粮饷不继，于三月八日撤离。顺治十四年（1657），当斯捷潘诺夫窜到尚坚乌黑时，被清宁古塔昂帮章京沙尔呼达统率的军队打得大败。次年七月，当他们再度出现在松花江口附近时，终于被沙尔呼达的兵船队截住。斯捷潘诺夫匪帮共有500多人，180人在战斗开始之前就夺路逃脱，50多人在战斗中逃跑。被围住的270人不是被击毙，就是举手就俘，斯捷潘诺夫这个血债累累的侵略军头子也被当场击毙。这支蹂躏我国黑龙江地区长达8年半之久的沙俄侵略军，终于被消灭了。

清军进攻云贵

顺治十四年（1657）十二月十五日，清廷部署进兵云贵事宜。

云南通志插图·嫚且。据清代《皇朝职贡图说》载："嫚且人居姚安府"。姚安，即今昆明西，大理东，属楚雄彝族自治州，是我国少数民族的一个部分。

早在同年四月，孙可望亲率 17 万大军攻打李定国，大败而归。十月，投降清廷。清廷认为这是永历王朝内乱，决定乘此有利时机，进兵云南。其中以贝子洛托及洪承畴由湖南出兵，以吴三桂及都统墨尔根、固山额真李国翰由四川前往贵州，相机进取云南；以固山额真赵布泰为征南将军，统本部及广西官兵，从广西进攻贵州。是年冬，清又命信郡王铎尼为统帅，攻克贵阳，统三路军入滇。

面对汹汹来犯之敌，李定国却只命白文选等扼守南北盘江。这种消极防御的策略，使清军赢得了从容进军的态势。清军经过充分准备，于年底分三路向云南进军。铎尼兵进攻安庄、曲靖，李定国部将刘正国战死，罗大顺、冯双礼、祁三升等部战败退走。铎尼兵追至松岭街，白文选率部二万迎敌。清兵分路合击，大败白文选，于是进抵云南。吴三桂兵至七星关，白文选屯兵守险，吴兵乃从水西苗民界间道度关，从后面袭击白部。白文选兵不敌，退走，吴三桂遂攻陷乌撒。赵布泰兵至盘江罗颜渡口，李定国军扼险沉船。赵兵采纳土司知府岑继鲁献策，从下游 10 里取所沉船，乘夜潜师而渡河，攻下安隆。李定国亲率主力 3 万迎拒赵布泰军，因北风骤起，火器不利，全线溃散，李定国部将死 30 余人，兵数十万，损失惨重。这样，昆明腹背受敌，处于被包围的不利形势之下。次年正月，永历帝朱由榔撤离云南府，二月，逃往缅甸，李定国则流落在边境上。

郑成功北伐

顺治十六年（1659）六月，为了牵制清军对永历小朝廷的三路围攻，郑成功与张煌言配合，率领 83 营 17 万水陆大军，北伐南京。

北伐军水陆并进，不久，陷焦山，破瓜州，攻占了长江的重要门户镇江及其所属诸县。六月二十六日，郑成功部前锋已至南京，七月十二日，完成了对南京的围困。与此同时，张煌言率军沿江而上，进驻上游门户芜湖，控制要害，并分别占据太平、宁国、池州、徽州等四府三州二十二县。清廷知悉，举朝皆惊。顺治帝惊怒异常，下令亲征。被谏阻后即命内大臣达素为安南将军，统兵增援江南。而此时，郑成功却为一时的胜利冲昏头脑，被清军诡计约降所迷惑，竟不顾部将劝说，命令83营"牵连困守，以待（清军）其降，释戈开宴，纵酒捕鱼为乐"，致使战事拖延了一月之久。而困守南京城里的清总督郎廷佐在假投降伎俩的掩护下，积极备战。七月二十三日，郎廷佐抓住郑军将士庆贺郑成功生日、"饮酒卸甲"、战斗意志松弛的有利时机，指挥清军提督管效忠、总兵梁化凤水陆进袭，大败郑军。郑成功部将余新被俘降清，甘辉、潘赓钟等人均战死。郑成功匆忙率领部队退回金门、厦门，张煌言孤立无援，也退走浙东，北伐终告失败。

绿营兵制改定

顺治十六年（1659）八月，绿营兵制改定。

清代八旗兵和绿营兵全是薪给制，每月有一定的饷银，每年有一定的岁米。而清代军队非常庞大，因此清代的兵饷占每年岁出的一半，是最大的一笔开支，对此，朝廷许多大臣持有异议。顺治十六年（1659）八月二十二日，户部左侍郎林起龙上疏奏议更定绿营兵制。林起龙认为，全国绿旗营兵近60万，每年需粮200万石，饷银1000多万两，尽管耗费如此之巨，而到兵士手上的并不多，若有父母妻子的，则很难糊口，因此士气不高。而且由于兵员冗巨，训练不严，以致将不知奇正之势，兵不知坐立之方。对此，林起龙建议，以40万兵的粮饷，养20万精兵，营级以上官员及有功之臣可略加增补，总督可择将选兵，严加操练。如此则兵强饷足，可保封疆卫士无忧。

二十八日，议定：各营迅速严查隐占，器械马匹俱出具清单，同时挑选精壮；自次年起差遣满洲官员分往各旗检视训练情况；但绿营旗兵不能减少，否则一旦有事难以弹压，其余所议，一一准奏。

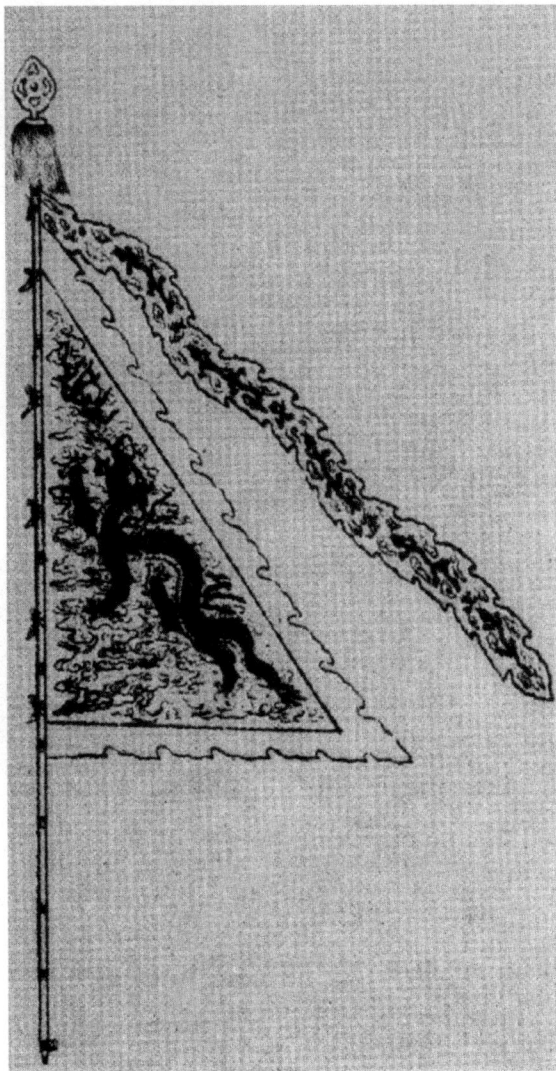

绿营旗

朱之瑜东渡日本

顺治十六年(1659)冬末，学者朱之瑜东渡日本，开始了20余年的讲学、传艺和著述生涯。

朱之瑜，字鲁与，生于浙江绍兴府一个世宦之家。明崇祯十一年(1638)，他曾赴京应礼部试，取恩贡生。弘光政权建立后，朱之瑜因不屑于与阉党马士英为伍，遭到通缉，被迫逃往舟山，为原江北总兵黄斌卿规划抗清战事。顺治十六年(1659)冬末，他孑然一身东渡日本，在长崎上岸，开始了在日本20余年的讲学、传艺和著述生活。流离日本后，他以家乡水名取号舜水，广泛交结日本思想、教育、学术界朋友，并把中国古代工程设计、建筑技艺的

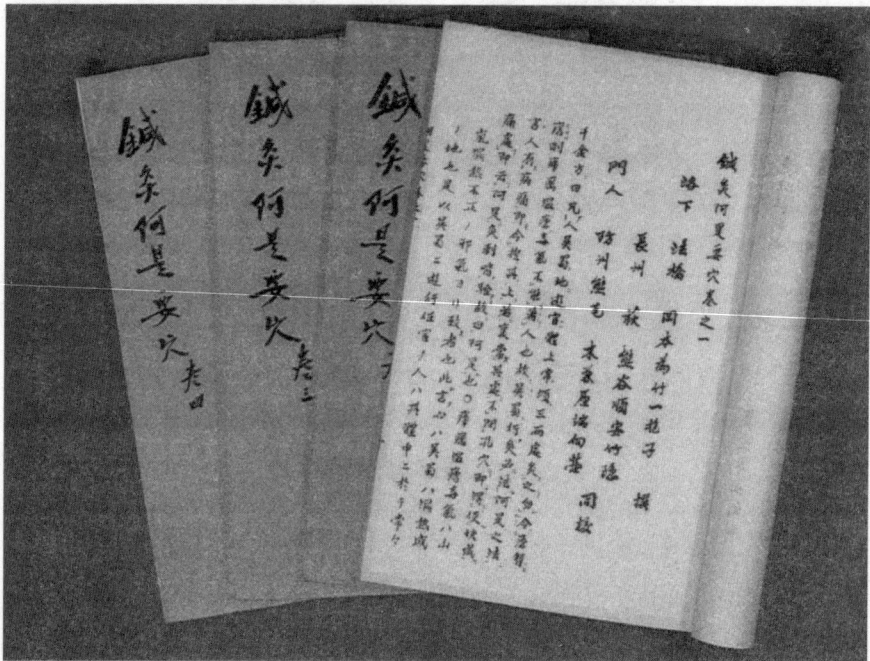

中日文化交流源远流长，图为日本医学家冈本竹(1655～1716)著作《针灸阿是要穴》书影。

许多经验带给了日本。水户地区的封建诸侯德川光国奉他为宾师。在他的影响下，光国开馆修《大日本史》，提倡"大义名分"，形成有名的"水户学派"，该学派对后来的明治维新产生了一定的影响。

八旗兴盛滑冰

滑冰是我国满族民间的一项传统的体育活动，亦称"冰嬉"。早在清军入关前，八旗军就将滑冰作为军事训练的内容，并在作战中运用。入关后，滑冰成为八旗校阅的内容和宫廷的娱乐活动，在北方民间也得到进一步的发展，滑冰活动由此而空前兴盛。

清初的统治者始终将冰嬉视为"国俗"，冰嬉活动则主要在西苑太液池(今北海)举行，且"圣驾御冰床临观焉"。开始表演的节目叫"抢等"，即速度滑冰。"去上御之冰床二三里外，树大纛，众兵咸列。驾既御冰床，鸣一炮，树纛处亦鸣一炮应之。于是众兵驰而至御前，侍卫立冰上，'抢等'者近御座，则牵而止之"。接着表演的是"抢球"，即冰上手球游戏。最后表演的是"转龙射球"，即冰上射箭。"走队时，按八旗之色，以一人执小旗前导，二人执弓矢随于后。凡执旗者一二百人，执弓矢者倍之，盘旋曲折行冰上，远望之蜿蜒如龙……"这类冰嬉活动的参加者至少在1600人以上，场面之宏大，内容之丰富，堪称综合性的"冰上运动会"。

当时的冰鞋也是由鞋和冰刀两部分组成的。但型制有两种：一种"以一铁直条嵌鞋底中"，与今日滑冰运动所用的鞋相似；另一种"底合双齿"，这是一种双冰刀鞋，因冰刀安装在鞋床木条两边，故不易跌倒。当时校阅八旗滑冰也存有两种形式：一种是具有竞技性的"宫趟子"八式：初手式、小晃荡式、大晃荡式、扁弯子式、大弯子式、大外刀式、跑冰式和背手跑冰式，主要是速度滑冰的内容；另一种滑冰即花样滑冰，同时需要表演各种花样和杂技。这两种滑冰运动又称为"走冰"。

乾隆初年张为邦和姚文瀚合画的"冰嬉图"，生动地表现了八旗滑冰运动中的花样表演和杂技表演。花样滑冰动作如大蝎子、金鸡独立、哪吒探海、双飞燕等，杂技滑冰有缘竿、盘杠、肩上、臂上、扯旗等。现藏故宫博物院

的乾隆时期画师金昆、程志道、福隆安合绘的另一幅《冰嬉图》，也生动地
再现了当时冰嬉表演的盛况。

北海冰嬉图。金昆等绘。

清朝

1661A.D. 清顺治十八年 明永历十五年

正月，清世祖死，子玄烨嗣，是为圣祖仁皇帝，索尼、鳌拜、苏克萨哈等辅政，明年改元为康熙。
三月，郑成功入台湾，逐荷兰人。吴三桂等攻缅甸，胁送永历帝，白文选败降。

1662A.D. 清圣祖仁皇帝玄烨康熙元年

四月，吴三桂害明永历帝及其太子，后妃公主皆送北京。五月，郑成功死，子郑经嗣主台湾。

1663A.D. 清康熙二年

郑经兵攻海澄，不克。庄氏私修《明史》引起大狱。

1664A.D. 清康熙三年

以施琅为靖海将军，攻台湾。十月，荷兰船至闽安，候助攻台湾。文学家钱谦益死。

1667A.D. 清康熙六年

辅政大臣苏克萨哈以忤鳌拜，被杀。九月，修世祖实录。

1668A.D. 清康熙七年

七月，还奉天唐官屯等处圈地于民。命乡、会试复用八股文。

1669A.D. 清康熙八年

三月，以南怀仁推历准确，授为钦天监副。五月，鳌拜革职拘禁，旋昭雪苏克萨哈等。

1661A.D.

葡萄牙割让印度之孟买于英，是为英人经略孟买之始。

莫里哀作《丈夫学堂》。

1662A.D.

哲学家、科学家帕斯卡去世。

1664A.D.

荷兰在北美洲之殖民地新阿姆斯特丹为英人占领。英人更其名为"新约克"（纽约）。

莫里哀作《伪君子》。

1665A.D.

拉封丹编著《故事诗》。数学家费马去世。胡克研究光学。牛顿发明微积分和引力学说。

1667A.D.

爆发路易十四世第一次战争。

弥尔顿作《失乐园》。

1669A.D.

印度蒙兀儿帝国皇帝奥兰赛下令禁婆罗门教，毁寺院甚多，古代艺术遭受破坏。

顺治逝世

　　顺治十八年 (1661) 正月七日夜，顺治帝福临病逝。

　　顺治帝福临 6 岁即帝位，由多尔衮和济尔哈朗为辅政大臣。顺治八年 (1651)，福临亲政，收回一切大权，颁布一系列改革措施，有效地巩固了清朝统治，体现了一位年轻有为的皇帝的才干。顺治十七年 (1660) 八月，顺治宠爱的董贵妃病逝后，他渐渐疏于理政，并沉迷于释道，几度产生了出家的念头。是年底，顺治染上天花，顿成重病。顺治十八 (1661) 正月六日，顺治自

河北遵化清东陵

清东陵顺治陵大石牌坊

知将不久于人世，急忙召见亲信、礼部侍郎兼翰林院掌院学士王熙入养心殿，命他草撰诏书。遗诏除命三子玄烨即帝位，由四大臣索尼、苏克萨哈、遏必隆、鳌拜辅政外，还以十四事罪己。主要内容是：重用汉官，疏远满臣；不体察民艰，兴建殿宇；任用阉人，营私舞弊；贪图安逸，疏于理政，等等。七日夜，顺治病死于养心殿，终年仅 24 岁。顺治帝死后，遗体被火化，骨灰葬于孝陵（今河北遵化东陵内）。另根据封建礼仪，朝廷大臣在顺治去世后即仪其庙号，结果多数人的意见是称其为宗，唯有大司马梁清标提出应称世祖，并指出，虽然太祖努尔哈赤是清朝开国之君，但是顺治帝功劳很大，"入主中华，奄有万方，统一天下"，应该成为"世世所祖"也。于是众位朝臣在讨论中接受了这一建议，乃定顺治帝庙号为世祖。

当月九日玄烨即皇帝位，时年 8 岁。是日颁诏大赦，以第二年 (1662) 为康熙元年。

鳌拜专制

顺治十八年 (1661)，世祖死，第三子玄烨嗣位，年号康熙，以大臣索尼、苏克萨哈、遏必隆、鳌拜辅政。

四辅臣中，索尼年老，遏必隆懦弱，苏克萨哈望浅，唯鳌拜居功横傲，最为跋扈。他大力培植私党，排陷异己。他借故将飞扬古之子侍卫倭赫及侍卫西住、折克图、觉罗塞尔弼杀死，随后又将飞扬古害死。苏克萨哈与鳌拜本为姻娅之亲，苏克萨哈系正白旗，鳌拜系镶黄旗。顺治初年圈占土地，多尔衮利用职权，将镶黄旗应得的永平一带土地给了自己的正白旗。康熙五年 (1666)，鳌拜提出多尔衮违背祖例，应重新圈换旗地。内国史院大学士、管户部事苏纳海表示反对，直隶、山东、河南总督朱昌祚、直隶巡抚王登联也先后上书，函请停止。鳌拜大怒，立即逮捕苏纳海、朱昌祚、王登联三人，并矫旨将他们俱处以绞刑，借机圈占了大量土地。

康熙六年 (1667) 七月，玄烨亲政，这时鳌拜仍然独持权柄，苏克萨哈久受鳌拜压抑，常怏怏不乐，于是首先提出辞去辅政大臣之职。这一举动无异于将了鳌拜一军，迫使他也交出大权。鳌拜以"怀抱奸诈、存蓄异心、欺藐主上"的罪名，判处苏克萨哈与其子内大臣查克旦凌迟处死。康熙知道此案是鳌拜伙同他的党羽挟私陷害，坚执不允。鳌拜竟"攘臂上前，强奏累日"，终于还是依照原议施行。

这时，索尼已死，苏克萨哈被杀，辅臣只剩下遏必隆、鳌拜二人。遏必隆不敢立异，朝权实际操纵于鳌拜一人之手。朝廷议事，大臣稍有违逆鳌拜之处，他也敢当着康熙面厉声叱喝，可谓专横至极。

灵芝赋青玉屏。刻有清代御制《灵芝赋》，盛赞灵芝神奇功效及其优美形质，反映了中国古人
对灵芝的喜爱。

郑成功收复台湾

台湾自古以来就是我国的领土。17世纪欧洲殖民者在亚洲展开了侵略活动，1642年荷兰侵略者赶走了西班牙殖民者后，独霸了台湾，从而开始对台湾人民进行疯狂掠夺和奴役。

郑成功北伐失败后，为了坚持长期抗清，在爱国思想支持下，决定收复台湾，并以之作为反清根据地。正当郑成功筹划这一重大军事行动时，曾担任荷兰通事的爱国志士何斌（一作何廷斌）从台湾来到厦门，向郑成功献出一幅台湾地图，敦请郑成功光复台湾。1661年二月，郑成功在厦门召开军事会议，决定立即出兵收复台湾。

奇袭鹿耳门。郑成功率舰队渡海，收复台湾。

1661 年三月，郑成功的军事准备均已就绪，并把大军从厦门移驻金门。郑成功只令部将洪旭、黄廷等少数军马辅佐其子郑经驻守金、厦，亲率战舰 400 艘，官兵 25000 人，向台湾进军。四月三十日，大军抵达台湾海面，在何斌的导引下避开荷军的炮火，利用涨潮的有利时机，在荷军疏于防守的北航道淤浅地带由鹿耳门顺利登陆，受到台湾汉族及高山族人民的热烈欢迎。

接着，郑成功指挥军队从海陆两方面向荷兰侵略者发动了猛烈攻击。在海战中，郑军以木船击沉荷兰的战舰，控制了台湾海面，切断了荷兰殖民者的海上交通联系。在陆战中，郑军在台湾人民的密切配合和积极支持下，以弓箭和大刀等简陋武器战胜了拥有先进枪炮的侵略者，并击毙了侵略军头子汤玛斯·贝德尔，进而包围了侵略军的据点赤嵌城。此时，荷军统帅知力不能胜，企图以每年向郑成功纳贡，献犒师银 14 万两为条件，贿求郑成功撤退。郑成功正告荷兰统帅说，台湾系中国土地，应予归还，毅然拒绝了荷军的无理要求。五月初，赤嵌城荷军头目猫难实叮向郑军投降。然后，郑成功一面部署军队围困台湾城，一面分兵收复其他地方。康熙元年 (1662) 一月在围困台湾城近九个月之后，郑成功决定进行强攻。二十五日清晨，中国军队重炮猛轰乌特得支堡，当晚占据了该堡。面对中国军队的强大攻势，荷军统帅终于在投降书上签字。至此，被荷兰侵略者非法占据 38 年之久的台湾回归祖国。

郑成功收复台湾后，把赤嵌城改为承天府，又置天兴、万年等县，还实行军屯，继续鼓励闽、浙一带居民到台湾生产，使台湾经济、文化得到了迅速发展。

郑成功收复台湾时的受降图

王朝建立与巩固统治时期

郑成功塑像

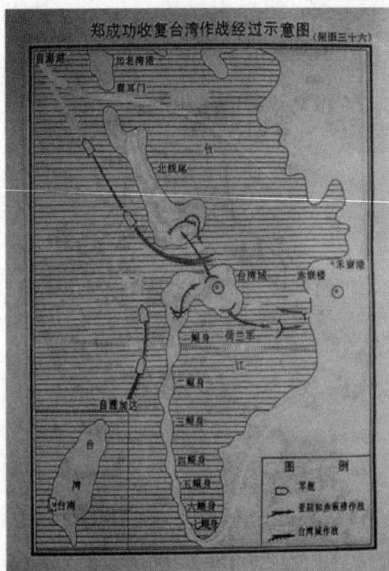

郑成功收复台湾作战经过示意图

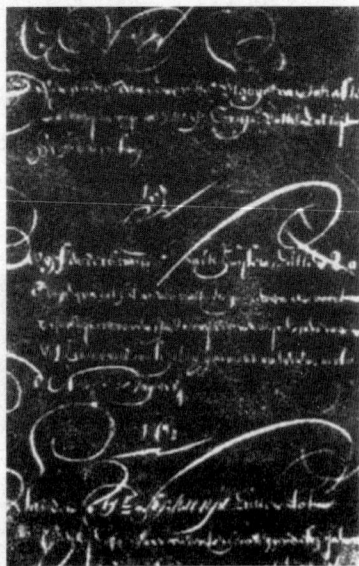

荷兰殖民者的投降书

会试分卷

　　开科取士，是清统治者笼络汉族地主阶级、不断扩充官僚队伍的重要手段，因此，清廷对此极为重视，在组织和管理上煞费苦心。清初，会试取士原分南北中三卷，后因云贵等省战乱，便将中卷并入南北卷内。云贵平定后，顺治十八年 (1661) 二月二十四日，礼部奏请恢复南北中卷之例。获朝廷批准后，则仍将浙江、江西、福建、湖广、广东五省，及江宁、苏、松、常、镇、徽、宁、地、太、淮、扬十一府和广德州为南卷；直隶、山东、山西、河南、陕西四省和奉天等处为北卷；四川、广西、云南、贵州及庐、凤、安庆三府，徐、

清嵌螺钿漆砚，为外出携带方便而制作的漆砚，因用木胎所以重量极轻，整个砚为黑漆，并嵌螺钿，华丽大方。

滁和三州中卷。其南北中卷中式额数，照赴试举人之数均派。如此分卷之后，
云、贵、川一带士人获得了许多方便。

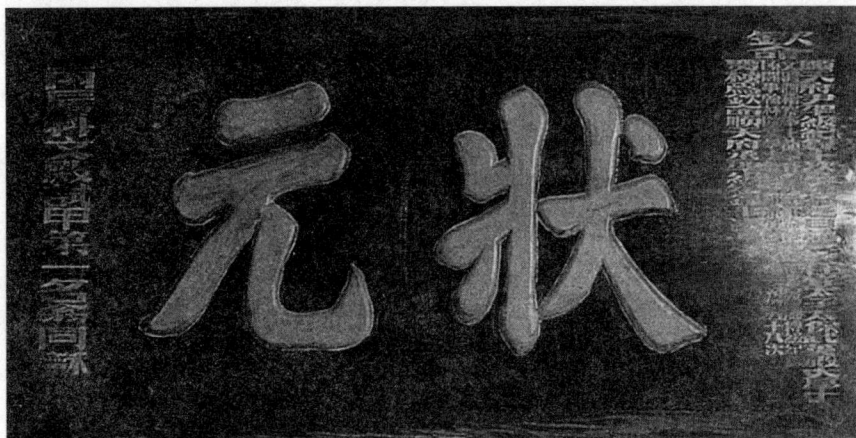

南京贡院内的"状元匾"

南京贡院内的"赶考挑子"

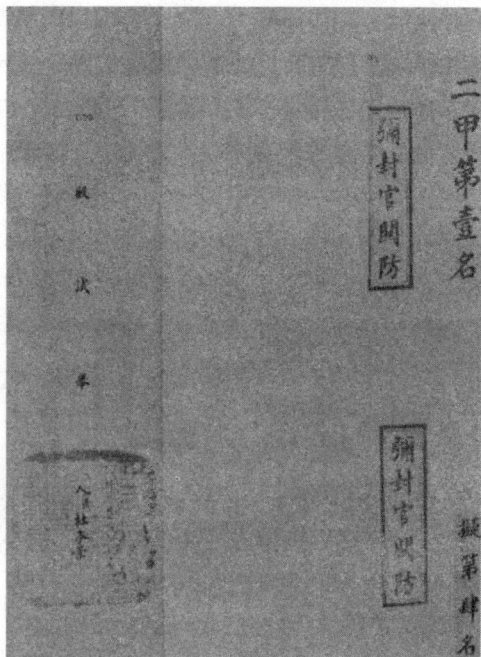

清代殿试卷封面

庄廷𬭁私著明史案发

顺治十八年 (1661) 三月，庄廷𬭁私著明史案发。

庄廷𬭁，浙江乌程 (今湖州市) 南浔镇人，出身于一个巨富的书香之家。入清以后，庄廷𬭁趁明天启朝大学士朱国桢一门败落之际，以千两银子将朱国桢生前所撰明史稿本购得，并广聘名士，增补天启、崇祯两朝史事，辑成《明史辑略》，准备窜己名作刊行，但未及刻印庄廷𬭁就于顺治十二年病故，其父庄允城费时五年，于顺治十七年冬将书刻成，刊行于世。

由于书中有诋毁贬斥清统治者的文字，如称清太祖为建州都督，直呼努尔哈赤；再如自天命至崇德皆不书其年号，相反对南明隆武、永历则大书特书等等，因而书刊行之后，庄允城不断遭致恐吓，许多奸人借机向他索取钱财。当时归安县知县吴之荣罢官在家，也想通过索诈而偿还八万两赃款以复官。

于是将这件事告诉了将军松魁，松魁转呈巡抚吴昌祚，昌祚又告督学胡尚衡。庄允城得知消息，以巨资行贿，知府于是拒不审理此案，并删去贬斥语重新刊行。不过，庄允城却未向吴之荣行贿。这就使吴之荣恼羞成怒，他设法购得初刊本，呈交法司。清统治者得悉消息后，为压制一切公开的或潜在的反清行动或思想，遂兴大狱。凡刊刻、参校、藏书、售书者，以及失职之官吏，均株连治罪。

至康熙二年 (1663) 五月十六日，因庄廷鑨案被凌迟处斩百余人，诸犯妻子皆流徙。庄廷鑨虽早死，仍被掘墓焚尸，父、兄弟数人均被斩，松魁削官，其幕僚戮于市，湖州知府、推官均以隐匿罪处以绞刑。至此，此案才最后了结。

吴三桂杀永历帝

顺治十五年 (1658) 清军分三路大举进攻困守云贵的永历小朝廷，李定国部不抵清军，退溃边境，永历帝朱由榔仓皇逃往缅甸。

顺治十八年 (1661) 五月，李定国、白文选会师阿瓦，不久即派遣使臣到缅甸请求放回永历帝。缅甸人不肯答应，李定国率军攻打，缅人失利，退保阿瓦新城。七月，吴三桂率清兵也向缅甸进发，并派人告缅王说："速缚伪主来，不然我将血洗阿瓦！"缅甸慑于清兵压境，于是设计杀明从官，绑送永历以讨好清廷。

七月十八日，缅王派使臣邀请永历帝从臣渡河，饮咒水盟誓，以表"结义同心"。当时永历从臣沐天波识破了缅王的阴谋，劝群臣勿去。但永历帝重臣马吉翔却要群臣尊重缅人"敬鬼重誓"的习俗，并于次日胁迫 42 名大臣与太监同行。及至，三千缅兵突将他们围困一处，命令前去饮咒水。诸臣惶恐无计，只得从命，结果全被缅兵所杀，马吉翔也死于乱刃之下。

"咒水之祸"发生后，永历帝身旁只剩宫眷 25 人，只好听任缅王摆布。次年初 (1661)，缅王将永历帝及眷属送回云南。四月，吴三桂命人用弓弦将朱由榔父子绞死于昆明城内箅子坡。至此，南明政权的最后一个小朝廷宣告灭亡。

通海案发

顺治亲政 (1651) 后的近 10 年间，东南沿海的反清斗争一直连续不断，尤其是郑成功与张煌言以厦门、金门、舟山等岛屿为根据地，屡屡渡海登陆，打击清军，并多次在内地反清志士的引导和帮助下，直入长江，围攻南京，引起了清统治者的极大恐慌。因此，当郑成功军队退出江南后，清廷就在扬州、镇江、苏州、绍兴等地，大肆逮捕曾拥护和支持郑成功的人，这就是清初历史上有名的"通海案"。

在这场刑狱之中，数千人受到了牵连。其中，情节重的被斩首，轻的则充军宁古塔为奴。例如清苏松常镇提督马进宝曾多次与郑成功私通消息，被清廷审讯后处决；浙江慈溪儒士魏耕在郑成功退出江南、张煌言孤军无援而陷入仓皇失措时，亲到张煌言军中劝其再接再厉，不要气馁，事泄后也被清廷杀害。

李定国去世

康熙元年 (1662) 六月二十七日，李定国因病去世，终年 42 岁。

李定国自幼参加大西军，在张献忠手下成长为能征惯战的大将。清军入关后，李自成、张献忠先后阵亡，李定国采取联明抗清的策略，曾"两蹶名王"，对抗清斗争作出了重要贡献。后追随南明永历小朝廷东征西讨，成为这一政权苟延残喘的支柱。顺治十五年 (1658) 清军大举进攻云贵，永历帝朱由榔亡命缅甸，退溃边境的李定国曾上疏三十余次，恳请朱由榔回国，但缅王不允。为此，他率军入缅，决心以武力营救。但由于兵士水土不服，疾疫流行，衣食又差，部队难以行进。康熙元年 (1662) 元月，李定国闻缅王将永历帝献与清军，愤恨欲绝，痛感"势既不故，追无能为"。但仍想尽快恢复云南，继续抗清。他曾派人到车礼、暹罗借师，以抗击清军。不久闻永历帝被吴三桂杀害，他"仰天大恸，痛绝于地"，"吐血数升"，七日不食而死。

"佟半朝"权倾朝野

康熙称帝后，世代忠于爱新觉罗氏的佟氏家族也迎来了它的鼎盛时期。

佟氏，辽东大族，祖籍抚顺（辽宁抚顺县），世居佟佳江，以地为氏，历代经商，富甲一方。首先归附后金（清）的则是佟养性，并成为皇太极改革中的重要人物。为铸造红衣大炮，佟养性贡献卓著。由于他亲手创建的火器汉军营成了后金（清）作战时必不可少的劲旅。其侄佟图赖为清廷定都北京、追剿抗清武装屡立战功。其女为顺治帝妃。康熙十六年(1677)，康熙帝又将其次子佟国维之女封为贵妃，后晋封皇贵妃。佟国维之子隆科多在康熙朝官任理藩院尚书兼提督九门步兵统领，掌管保卫京师大权。隆科多的胞弟庆复曾任工、刑、户三部尚书。此外，养甲、养量、佟岱、国瑶、国鼐、国器、凤彩等也都是重要文臣武将。总之，在顺治、康熙、雍正、乾隆四朝，佟氏一门位尊权重，显赫一时，因而时人称他们为"佟半朝"。

康熙治国

康熙是清代前期比较宽厚圣明的统治者之一。他在位61年，经济发展，社会安定，政治清明，为清代"康乾盛世"到来奠定了政治与经济上的基础。这一切又是和康熙治国思想以及采取的治国措施分不开的。

1662年，康熙即位。当时，民族矛盾与阶级矛盾非常尖锐，被战争破坏的社会生产急待恢复，国家财政也十分困难。为了缓和尖锐的民族矛盾与阶级矛盾，建立大一统的封建统治秩序，康熙在亲政以后便学习汉武帝"罢黜百家，独尊儒术"策略，把孔孟之道和程朱理学作为官方正统思想，大力倡导汉族知识分子最热衷的程朱理学。他甚至下令将朱熹升配孔庙，序为十一哲。还重用一批理学家，如李光地、汤斌、熊赐履等，不仅与他们研讨理学，而且还让他们编纂理学书籍，如《性理精义》等。为了在全国推广理学，康熙把朱熹所注四书规定为科举考试的必考内容。因为程朱理学有利于统一思想，建立封建统治秩序。

康熙在利用理学的同时，还注意把儒家的政治思想贯彻到治国措施中去。康熙认为对老百姓要"仁以育之，所以养也；义以正之，所以教也"，既要在物质上保障人民生活，又要在精神上进行礼义教育，才能维持国家的长治久安；而且他还认识到"政苛则国危，法峻则民乱"，因此提出"治天下之道以宽为本"的才略。在立法司法上，反对严刑峻法，主张尚德缓刑，并要求官吏做到"讼简刑清，与民相安于无事"。他还提出治理国家要"澄清本

南京明孝陵康熙手书的"治隆唐宋"碑，表现了康熙皇帝对明洪武治国业绩的推崇。

源"，也就是"薄税敛，敦教化，使百姓足衣食以兴礼义，惜廉耻而重犯法"。以民为本，也是儒家学说的重要内容。康熙接受了这一思想，并承认"国家根本在百姓"，民心向背决定着国家政权的命运，因此他将安民作为治天下的核心关键，为此他经常巡视各地，了解民情，关心民间疾苦，而且重视与民休养，称之为治理天下的基本政务。为了达到"养民"目的，康熙非常重视农业生产，曾说："国家要务，莫如贵粟务农"，并采取推行与民休息的政策。康熙八年，他下诏停止了圈地运动，又下令让明末农民战争中农民夺回耕种的原明朝官僚勋戚的田地即归耕种者所有，称为"更名田"。此外康熙为减轻人民的负担，还大规模减免赋税。

平定吴三桂等三藩之乱后，康熙认识到"吏治不清"是"民生不遂"的重要原因，便开始选用贤才，整顿吏治。在这一方面，康熙又接受了儒家的人治思想。他说："从来有治人无治法，为政全在得人"，"惟治天下之道，莫大于用人"，"用得其人而天下之事自然就理"。康熙选用人才以德才兼备为标准，而尤以德为最重要。他曾说，地方官"务使德胜于才，始为可贵"。所谓"德"，也就是"忠君循分"、"洁己爱民"，即对上要忠于君主，对下要安抚百姓。在整顿吏治方面，康熙实行奖廉惩贪，强调官吏"节操清廉，最为紧要"，尤其重视督抚的人选，因为任命督抚是政府治理地方的重要环节，而且督抚又是下层官吏的表率，只要督抚清廉，下层官吏便不能"加意于民"，百姓便可以安居乐业。

此外，康熙对国家统一与主权的独立有着较为进步的思想。当沙俄力图侵占黑龙江流域部分领土时，他立即派兵进驻额苏里与瑷珲，坚持黑龙江流域一河一溪不可弃之于"鄂罗斯"。后来两次雅克萨之战也是这种思想的实施贯彻。当教皇格勒门第十一禁止中国人尊孔祭祖时，康熙严词告诫外国传教士"慎无扰乱中朝"。在对内方面，康熙历来反对分裂割据，所以他派兵收复了台湾，平息了三藩以及新疆、青海、西藏等地贵族叛乱，维护了国家统一与领土完整。

八卦教创立

　　中国民间宗教团体在明代中后叶走向活跃，在明清之际的社会政治变动、民族压迫的催激下发展更加蓬勃有生气，清前期的许多农民起义都直接或间接与他们有关，成为清朝在建国之初就不得不花大气力加以应付的棘手的社会问题。清初众多民间教门有相当一些是明代教门的直接延续，也有一些教门与明代民间宗教有渊源关系而在清代新兴的，中原地区的八卦教就是其中规模和影响最为重要的一个。

清代所绘《众仙图》，展示了儒、佛、道三教合一的神界。

115

八卦教于康熙初年初创于鲁西南单县一带，刘佐臣编造了《五女传道》经书（又称《五圣传道》），进行创教布道，又依照《八卦图》收编教徒。后经过其子刘儒汉、孙子刘恪、重孙刘省过相继掌教，苦心经营，使教门不断扩大完备。八卦教初称为五荤道收园教，乾隆时改名为清水教（入教时用三盅清水磕头，故名），后又称天理教、九宫教、先天教、在理教等等。但仍以八卦教的称呼最为流行。

八卦教的组织原则是"内安九宫、外立八卦"，将八卦与五行结合起来，形成有固定教首、支派拱绕、组织严密的教团体系，是在教理上吸收道教依八卦体系炼内丹的思想，掺合闻香教、一炷香教和黄天教的内容而形成的。如它的主要经典《五女传道》，就是一部接近道教的修炼内丹、追求长生的传教书，其宗旨是通过炼丹超脱生老病死的悲苦，以佛教观照，以道教普度。八卦教的教义是儒、佛、道三教混一的体系，除佛道外，特别推尊孔孟，甚至将他们尊为本教教主，从四书五经中寻章摘句，作为修炼内丹的理论根据，并有颇为正统的说教。但八卦教毕竟不同于被官方承认的儒、佛、道三教，它吸收了历代民间宗教关于劫变的思想，信仰八字真言"真空家乡，无生父母"，认为现实社会是罪恶的，要用理想的社会来取代它；同时掌教的刘氏家族有排满兴汉的思想，这就使八卦教具有异端色彩和反叛精神，决定了它只能是下层社会的信仰而为当权的统治者所不容。

八卦教活动区域主要在包括京畿和直隶的华北地区，在清代民间宗教运动中占据十分重要的地位。它的创立，使清政府大为头痛。

金人瑞评点群书

明末清初，著名文学批评家金人瑞评点群书，在小说戏曲创作理论方面做出了引人瞩目的成就。

金人瑞（1608～1661），名采，明亡后改名人瑞，字圣叹。江苏吴县（今苏州）人。生性狂傲不羁，无意仕途。清顺治十八年（1661），世祖去世的消息传到吴县，当地100多诸生哭于文庙并请求驱逐酷吏县令任维初。金人瑞就是其中的一个，事后以倡乱罪处斩。

清贴黄云龙纹砚盒

　　金人瑞一生博览群书，好谈《易》及佛，常以佛理诠释儒、道。他对《庄子》、《离骚》、《史记》、《杜诗》、《水浒》、《西厢》最为推崇，称之为"六才子书"，并逐一详细评论。他的评论比较注重思想内容的阐发，往往借题发挥，议论政事，其社会观和人生观灼然可见。如在《水浒》评中，他认为梁山寨108将"不得已而尽入于水泊"，是"乱自上作"，从而肯定了梁山英雄的反抗行为。他称《西厢》为"天地妙文"，赞美崔莺莺、张生的叛逆行为，揭露封建礼教对人性的摧残。另外，他还用佛教的虚无思想来解释人生的价值。

　　金人瑞文学批评的精彩之处在于对作品的艺术分析。他的评论方法是"直取其文心"，"略其形迹，伸其神理"，实即旨在探索创作规律。他把人物性格的塑造放在首位，认为《水浒》之所以给人百看不厌的感觉就是"把

清嘉庆携琴访友图剔红笔筒

一百零八个人性格都写出来"。同是粗鲁，"鲁达粗鲁是性急，史进粗鲁是少年任气，李逵粗鲁是蛮，武松粗鲁是豪杰不受羁勒"，所以"定是两个人，定不是一个人"。他指出：描写一个人的性格应注意多面性、复杂性，要善于表现人物性格的统一性、连贯性。如《水浒》中写李逵朴实中有狡猾的一面，"李逵愈奸猾，便愈朴至"。烘托人物性格，要靠冷静细致观察，要靠设身处地的体验，要"动心、现身"。他也很重视故事情节的变化，认为情节要出人意外，"奇恣笔法"，"龙跳虎卧"，整篇结构要具完整性。另外，在创作手法上，他提倡多样性，"临文无法便成狗嗥"。在创作灵感上，主张："灵眼觑见，灵手捉住"。总之，金人瑞已提出了较为系统的小说戏曲创作理论。

金人瑞一生评点古书甚多。除"六才子书"外，还有《唐才子书》、《必读才子书》、《左传释》、《古传解》、《孟子解》、《法华百问》、《宝镜三昧》、《周易义例全钞》、《三十四卦全钞》、《语录类纂》、《圣人千案》、《随手通》等。

李来亨败死

康熙三年 (1664) 六月二十四日，李来亨投火自焚，以死抗清。

李来亨是李自成之侄李过的儿子，自幼参加农民军。李自成死后，李来亨率领大顺军余部，一直坚持抗清斗争。顺治八年 (1651) 李来亨进入川、鄂地区，同那里的郝摇旗、刘体纯等多支农民军一起，组成了"夔东十三家军"，不断抗击清军。次年，李来亨选择了巴东县群山当中一块名叫"九莲坪"的小平原，辟为大本营，招徕居民恢复生产，做到衣食自给。康熙元年 (1662) 十二月，清军分三路进攻夔东农民军根据地，李来亨事先派出一些士兵，剃发乔装潜入清营，然后突然攻击、奇袭清营，内外相应，大败清兵，迫使清兵溃退四百余里。康熙二年八月，清政府再次派兵攻向川鄂。清军改变过去"会剿"的办法，采取了"立垒围困"、步步紧逼的战术，李来亨被迫退守茅麓山。康熙三年初，清兵 20 万人完成了茅麓山的包围。清军分汛连营，竖立木城，挑堑排桩，密匝围困。李来亨力图打破清军封锁，多次亲率将士出击，奋臂争呼，拼死力战，终因双方兵力过于悬殊，未能如愿。九月，山寨粮绝，李来亨自知不能久存，在会集众将、安排好农民军的撤退事宜后，便纵火焚烧山寨，并和妻子亲随等人赴火自焚，宁死不屈。李来亨部的三万余名战士，大部分突围或战死，仅150人被俘。

孙奇逢开创新学术

　　孙奇逢 (1584～1675)，字启泰，号钟元，保定府容城县（今河北）人，是一位不愿做官的举人，自称是东林党魁顾宪成、高攀龙的私淑弟子，后期东林党中流砥柱之一。当左光斗、魏大中、周顺昌等东林名士被魏忠贤阉党构陷下狱后，他置生命于度外，多方设法营救。明末组织民众武装抗清，明亡之后，多次拒绝入清廷为官，家园被清贵族圈占后，被迫迁居河南辉县苏门山夏峰村，被学者称为夏峰先生。他创办书院，收徒讲学并著述了大量著作，其代表作有《理学宗传》、《四书近指》、《书经近指》、《谈易大旨》、《中州人物考》、《新安县志》等，后人编为《夏峰先生集》、《孙夏峰先生全集》。其著述广泛涉猎理学、经学和史学，有力地影响了清初北方的一代学者，开创了一种新的学术风气。

　　孙奇逢开创的新的学术风气以折中调和程朱和王阳明为基本倾向，以兼容并包的态度，从比较朱、王的异同和利弊长短出发，主张兼收朱、王，以长补短，以利救弊，反对走极端，并针对晚明以来学术界的空疏之弊，强调以"实"补"虚"，以朱学的"平实"、"力行"之长救王学空虚之弊，并以"礼"说"理"，赋予"礼"以本体论哲学的新内容以救济王学风靡却日益禅化的状况，还客观上肯定了王学是朱学思想文化的构成和新发展。

　　他极力批判空谈误国的理学，重视实用，将治学与经世相结合，强调做官要有经纶天地、宰割民物的实际才干，将理财治生作为当时为官的一项根本内容，认为"理财"是重要的治国之道 。他这样提倡以实补虚、重于实用的学风，实际上彻底否定了晚明以来王学末流空谈说玄之风。

　　《理学宗传》是孙奇逢的代表作，三易其稿，历时达30年，于康熙五年(1666)定稿。它探寻和阐述了北宋周颐到明末顾宪成为止的理学宗传传统，罗列了周敦颐、二程、朱熹、陆九渊等11位理学大师和汉以来历代儒生146人，

王朝建立与巩固统治时期

论述各自的宗法关系，对这些人的评论从"力行"出发，不注重词章的训诂和考据，比较实际地论述了理学的发展历程，概述了中国学术思想史的发展线索，把整个学术思想看作是发展的而不是一成不变的，具有一定的辩证发展思想。尽管他未能突破儒学的框架而扩大其学术思想研究的范围，许多进步思想家被排除在外，但这种学术风气却具有开创性意义。他以史学家敏锐的眼光，认识到理学是中国传统学术思想发展的一个重要历史阶段，必须作专门史的研究。《理学宗传》是一部学术思想史方面的奠基著作，为后世编写学术思想史提供了借鉴，直接影响了黄宗羲《明儒学案》、《宋元学案》的撰述。孙奇逢在学术思想史研究上的这一开创之功是不可低估的。

汤若望获释

汤若望，号道朱，德意志人，通晓天文历法。顺治、康熙年间，掌管钦天监达 20 年，并著有《时宪历》。顺治十七年 (1660)，不满西方人士主持修历的安徽歙县人杨光先上书讦告汤若望"借历法以藏身金门，窥伺朝廷机密"，"立天主教堂于京省要害之地，传妖书以惑天下之人"，且在《时宪历》上写着"依西洋新法"五字，是"暗窃正朔之权以尊西洋"。康熙三年 (1664)七月，杨光先再次上书参劾汤若望等谋叛、惑众、新传十谬诸大罪。八月，礼部开始传讯汤若望等传教士以及钦天监监副李祖白、翰林许之渐、汤若望义子潘尽孝等有关人员。审讯达四个月，至康熙四年 (1665)，康熙帝命将李祖白等五名钦天监官员处斩，汤若望及其他同案犯人则在押待处。不久，康熙帝的祖母 (孝庄文皇后) 对辅臣如此对待汤若望深表不满，命令立即释放。

康熙五年 (1666) 七月十五日，汤若望在北京病逝，时年 74 岁。康熙八年 (1669) 八月，康熙帝为汤若望、李祖白等平冤昭雪。恢复汤若望的"通微教师"称号，追赐其原官，归还其教堂建堂基地，按照原品赐予祭恤费用。

康熙亲政·鳌拜被捕

康熙六年 (1667) 春，四辅政大臣之首索尼带头奏请康熙帝亲政。七月三日，经太皇太后 (孝庄文皇后) 允许，择吉亲政。七日，康熙帝行亲政礼，御太和殿，王以下文武百官上表庆贺，同时宣诏天下，并分别派遣内秘书院学士等告祭岳镇海渎诸神。

孝庄文皇后像

尽管康熙已经亲政，但专制朝政的鳌拜竟丝毫不肯放权，而且变本加厉。康熙亲政以后，一方面不断给辅政大臣加官晋爵从而稳住局势，一面在群臣中直接树立自己的威信，并暗中准备降伏鳌拜事宜。康熙八年 (1669) 五月十六日，鳌拜入见，康熙一声令下，将鳌拜擒获。同时，康熙命议政王大臣等逮捕鳌拜的 13 名党羽及另一辅政大臣遏必隆等有关官员，五月二十八日，议政王大臣康亲王杰书等审问鳌拜同党，定出鳌拜罪状 30 款，拟处以极刑。康熙帝闻讯，传旨：念鳌拜效力年久，不忍加诛，著革其职，抄没家产，严加拘禁。鳌拜的众多党羽也得到不同程度的惩治，许多遭受鳌拜打击的官员得以平反昭雪。鳌拜被擒后，康熙帝才真正实现了"亲政"。

范文程病逝

康熙五年 (1666) 八月，清大臣范文程病逝，享年 70 岁。

范文程，生于明万历二十四年 (1596)，字宪斗，号辉岳，沈阳人。曾祖锼范系明兵部尚书。天命三年 (1618)，努尔哈赤攻下抚顺，范氏兄弟自愿投效其旗下。崇德初年，皇太极任命范文程为内秘书院大学士，进世职二等甲喇章京，参与机密。他曾向皇太极进反间计，使明朝误杀袁崇焕，自毁长城。顺治初年 (1644) 范文程佐多尔衮率军入关，制定政策，稳定局势，安抚民心，成为政坛上风云一时的显赫人物。顺治亲政后，范文程被任命为议政大臣，他提出兴屯田，招抚流民；举人才，不分满汉；不拘资格、不避亲疏等建议，均被顺治采纳。顺治十一年 (1654) 八月，文程晋升少保兼太子太保。当时他已年老体衰，遂上疏乞休，谢政隐退，安度余年。

范文程虽系汉人，但属于清朝元老，他头脑清醒，富有雄才大略，对建立清朝统治作出了重要贡献。

满汉官员品级划一

康熙九年 (1670) 三月九日，康熙帝玄烨谕示吏部：满汉大小官员职掌相同，品级有异，应行划一。

先是在顺治十五年 (1658)，世祖福临曾将满洲官员品级与汉官划一。康熙六年 (1667) 鳌拜擅权时，满官品级重新提高。康熙除鳌拜后，为笼络汉官，于是传下此道谕旨。十七日，议政王等遵旨议准，将满洲官员品级，照顺治十五年之例。其现在品级，仍准存留，以后补授之时，照此比例补授。不久清廷修成《品级考》刊刻遵行，将满汉官员品级及提升手续俱行划一。具体规定有：满洲大学士、尚书、左都御史均属一品，侍郎、学士、副都御史、通政史、大理寺卿均系二品，汉大学士原为正五品，合改为二品，尚书、左

都御史也属二品，侍郎、学士、副都御史、通政史、大理寺卿均为三品，满洲郎中为三品，员外郎为四品，汉郎中为正五品，员外御为从五品。同时，汉官在病、丧等方面享受之实际待遇，也逐渐与满官趋于平等。

花翎。清代官帽上的花翎是区别品级的标志。

文武一品官服图案。表明官员的身份地位。九品制曾长期流行。清朝文官武官亦各有九品。图为文官仙鹤与武官一品麒麟。

南怀仁修正历法

　　康熙七年 (1668) 十二月，南怀仁劾奏钦天监监副吴明烜所修历书有差错，指出原历所定康熙八年内闰十二月，应是次年 (康熙八年) 正月，且有一年两次春分、两次秋分种种误差。十五岁的康熙皇帝不持偏见，命二十名朝廷大臣将南怀仁、吴明烜两派人物一齐召集到东华门观象台进行实测。验证推算历法的结果，立春、雨水、太阴、火星、木星与南怀仁所指诸款均相符合，而与吴明烜所修者不合。后经再次评议，证明杨光先身为监正，解决不了历日的差错，袒护吴明烜，攻击西洋历法。康熙传旨，将杨光先革职，任南怀仁为钦天监监副，并更正以前历书中的错误；以后节气占候，均从南怀仁之言。南怀仁任职后，改造了观象台仪器，制成黄道经纬仪、赤道经纬仪、地平经仪、纪限仪、天体仪，并绘图立说，编成《灵台仪象志》一书，为此，清廷特擢

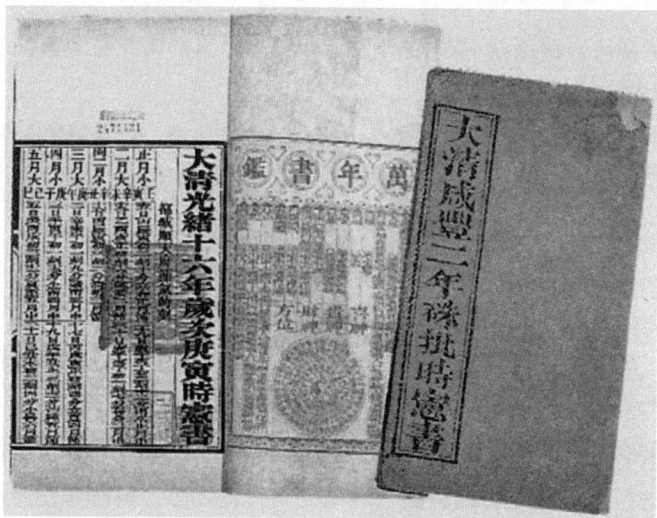

清代历书书影

升南怀仁为监正。康熙十三年 (1674)，加太常侍聊。十七年 (1678)，著成《康熙永年历法》32 卷，加通政史。二十七年 (1688) 南怀仁死，清廷赐谥"勤敏"。

藏历的封面画页，其年代，据考证应在明清之际（约 17 世纪中叶）。布质，彩色写绘而成。内容有十二生肖、五行、八卦、九宫（即三三幻方）、飞九宫和卜算用的其他图表等。

三大家独步江左

　　明末清初诗人钱谦益、吴伟业、龚鼎孳三人籍贯都属江左地区，诗名并著，故时人称为"江左三大家"。

　　钱谦益（1582～1664），常熟人，字受之，号牧斋，晚号蒙叟，东涧遗老。钱谦益学问渊博，泛览子、史、文籍与佛藏。论文论诗，反对明代"复古派"的模拟、"竟陵派"的狭窄，也不满"公安派"的肤浅。他一面倡"情真"、"情至"以反对模拟；一面倡学问以反对空疏。他的文章，常把铺陈学问与抒发思想性情糅合起来，其意图是合"学人之文"与"文人之文"为一体。《汤义仍先生文集序》、《游黄山记》、《兵部尚书中极殿大学士孙公行状》、《忠烈杨公墓志铭》、《徐霞客传》、《答唐训导论文书》、《读苏公文》等篇，都可以看出他的文章风格和论学与评论文的见解。钱谦益才学兼资，藻思洋溢，擅写庞大的组诗。明之后的诗篇，寄寓沧桑身世之感，哀感顽艳与凄楚苍凉合而为一。

　　吴伟业（1609～1672），诗人。字骏公，号梅村。他屈节仕清，一直认为是"误尽平生"的憾事，在诗义中多有表露。吴伟业今存诗1000多首，早期作品有藻思绮合、清丽缠绵之致。而后来生活变故，风骨弥为遒劲。他的诗前后变化是较大的。他的诗歌多写哀时伤事的题材，富有时代感。他的近体诗中的佳作有《过吴江有感》、《过淮阴有感》、《杂感》、《扬州》等。七言歌行更为出色，音节极佳，情韵悠然，内容深婉，其中《松山哀》讽刺洪承畴降清，有"诗史"之称。他还有一些反映民间疾苦之作，如《直溪吏》、《临顿儿》、《堇山儿》、《马草行》等。吴伟业词作不多，但传诵颇广。

　　龚鼎孳（1615～1673），字孝升，号芝麓。合肥人。有《定山堂集》。龚氏与当时名士多有所往来与唱酬，诗词皆工，于婉丽中亦多寓兴亡之感，与钱谦益、吴伟业有相似的地方。

钱谦益像

127

清初反封建专制思潮兴起

清朝初期，中国思想界兴起了一股反对封建专制的进步思潮，出现了一批进步的思想家，如黄宗羲（1609～1695）、顾炎武（1613～1682）、王夫之（1619～1692）、唐甄（1630～1704）、颜元（1635～1704）等。

这些思想家首先对封建专权的代表——皇权提出了激烈的批判。顾炎武认为，皇帝"尽天下一切之权，而收之在上"，为了防止权力下移，遂"废人而用法，废官而用吏"，造成法网密布，人人因循，守令无权，根本不可能有所作为。黄宗羲则明确地指出，皇帝是"天下之大害"。在未做皇帝之前，"不惜荼毒天下之肝脑，离散天下之子女"，以追求皇帝宝座。登上皇帝宝座后，又不惜"敲剥天下之骨髓；离散天下之子女，以奉我一人之淫乐"。他还进一步剖析并指出，社会动荡不安的根本原因就是皇帝的私心，把天下看成自己的私有财产。

其次他们都对君权与人民大众的关系进行了分析，提出了比较进步的观点。顾炎武认为，君主是"为民而立"的，只是一种爵位。天子同各级官员一样，因为料理国家事务，无暇耕种，就由人民"代耕而赋之禄"。因此他认为，皇帝倒台，王朝易姓改号，只是皇帝个人的事情，与人民大众无关，所以他说："保天下者，匹夫之贱，与有责焉耳矣。"王夫之也有相似的观点。他认为判断天下大事，必须"循天下之公"，王朝建立也应如此，如果它符合"公天下"的原则，就是"正"，反之就是"不正"，从这个角度看，只要符合"公天下"的原则，皇帝的宝座也是"可禅、可继、可革"的。而黄宗羲也得出了类似的思想观点。他追溯分析君臣关系的历史变化，认为古代做官与作君都是"为天下"、"为万民"，后来出现了主奴君臣关系，渐渐形成皇帝个人独裁局面。他因此指出做官本来的意义是"为天下，非为君也；为万民，非为一姓也"，而"天下治乱"的判断标准不在"一姓之兴亡，而在万民的忧乐"，皇帝倒台如果于人民大众有利，就是大好事。黄宗羲还主张"有治法而后有治人"，希望有一套维护人民大众利益的"天下之法"。

第三，他们都对改变君主集权专制统治提出了自己的方法和设想。王夫之设想用"公天下"代替"家天下"，但又把希望寄托在好皇帝身上。唐甄认为好皇帝首先要降低自己的地位，虚心地向百官与民众请教学习，其次要放弃生活上的特权，从而提高大臣的地位，这样大臣就敢于直陈己见，"改君之过"。顾炎武总结历史经验，认为"封建之失，其专在下；郡县之失，其专在上"，于是主张寓封建于郡县之

颜元像

中，将人事权、行政权、财权、军权分给地方长官，由各地方官进行自治，来改变君主专权状况。黄宗羲则主张从分权与监督两个方面来限制君权，恢复宰相制度，以分皇帝之权。并设想用学校作为国家各级政府的监督机构，由当代大儒和名儒担任中央与地方的学官，作为批评、监督从中央到地方各级政府的舆论代言人。颜元主张恢复周代分封诸侯制度，并实行"兵农合一"的农兵制度，以达到限制君权的目的。

从进步思想家对君权的批判、对专制的揭露以及对限制君权的种种设想中，已经出现了民主与平等等启蒙思想的火花，人民大众的地位也从理论上得到了提高。

清朝建成中国最早的中央档案馆——内阁大库

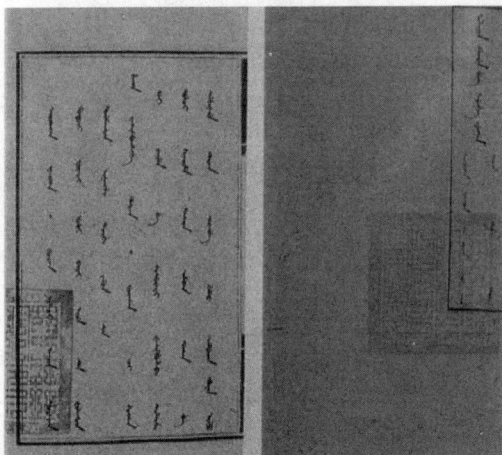

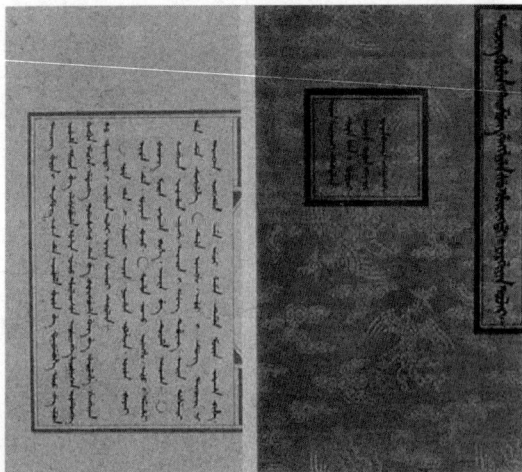

满文老档

清初，在北京紫禁城内阁大堂东侧设内阁大库，归属内阁掌管，收藏中央政府和宫廷重要档案及其他文献资料。这是中国最早设立的中央档案馆。分红本库（俗称西库）和实录库（俗称东库）两座库房。红本库主要收藏清入关后历朝每年六科缴回的红本（即经内阁阅批的题本）；实录库主要收储明代档案、满文老档、实录、圣训、起居注、史书、敕书、诏书、表章、舆图、黄册、乡试录和各种书籍等。内阁下设典籍厅和满本房掌管其事。典籍厅掌管红本及书籍表章，满本房掌管实录、圣训、起居注、史书及其他档案。因管理不善，历朝档案均有较大损毁；又因档案数量太多，库房不敷应用，多次销毁档案。宣统年间，又一批档案拟销毁，后经学者力阻，改为移交学部。大量内库档案由此流散社会。

内阁大库总建筑面积1295平方米。砖木结构，门窗以铁皮包裹，窗中装有铁栏以防盗，有通风设备，并以穴窗防尘。但室内木质构建较多，不利防火。

中华人民共和国成立后，内阁大库多次修缮，条件大为改善。1976年，库藏档案迁进西华门新建库房，由中国第一历史档案馆保管，内阁大库改藏文物。

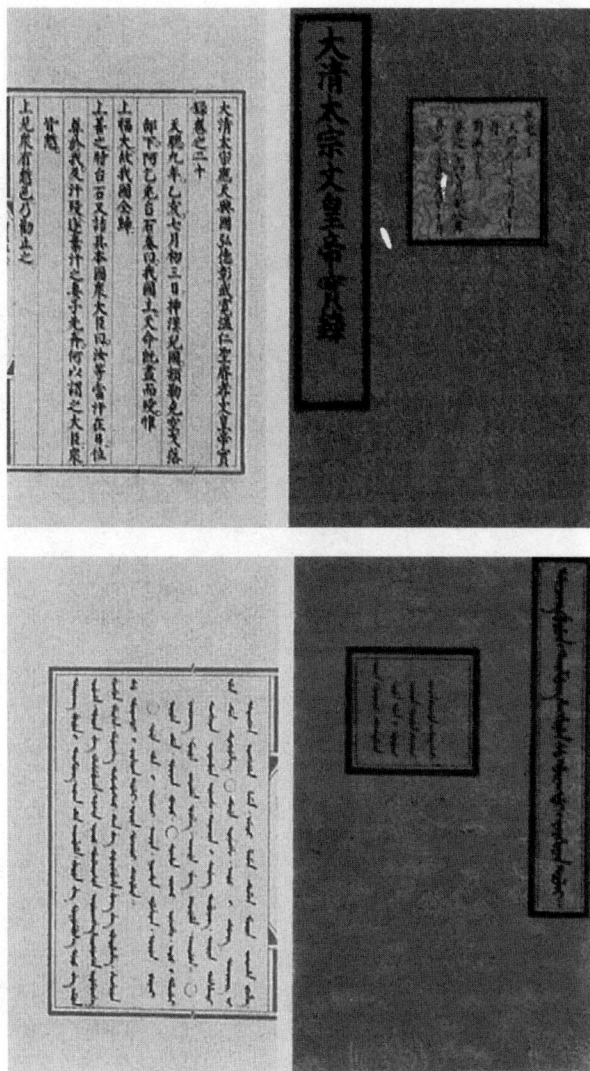

《清实录》中的《太宗实录》

民间竹刻兴盛

　　竹刻因其材料低廉易得成为清初民间主要雕刻艺术品种之一。清代民间竹刻受到文人绘画艺术风格影响，竹刻技法不断创新，体现出自我表现、标新立异的风格。

清贴黄春字四子盒

清贴黄龙纹竹丝编织笔筒

　　嘉定为民间竹刻主要产地，风格自成体系，被称为嘉定派。清代前期 100 多年中，嘉定竹刻继续并发展了明代嘉定派的风格，进入鼎盛时期。在这段时期里，嘉定竹刻品种齐全多样，高手众多，其中较有影响的竹刻家有吴之璠、封锡禄、周颢、潘西凤等，被称为“竹刻四大家”。

　　吴之璠，字鲁珍，号东海道人。擅长多种竹刻技法，如立体圆雕、透雕、高浮雕等，而且还另出新意，发明浅浮雕技法，能运刀于纸发之际、丝忽之间，见微妙之起伏。后人称为“薄地阳文”，代表作品如《松荫迎鸿》、《滚马图》、《牧牛图》等刻件。而且他善于利用景物的遮掩压叠，在浅浮雕的有限高度上刻出远近不同的层次，颇有透视的效果。此外，他还善于利用竹子的质地构造，朴质无华的素地与肌肤润泽表层上的精刻细雕的图文形成对比，相映生色。

由于吴之璠的竹刻技法颇多创新，影响很大，其嫡传弟子以及受其影响的艺人很多，以致在康、雍之际（1662～1735）形成了一个以吴之璠为首的竹刻流派。

封锡禄，字义侯。其兄弟3人都善刻竹，康熙四十二年（1703），他们3人同时入值养心殿，名噪一时。锡禄擅长圆雕，传世作品仅存上海博物馆藏罗汉像，可见其刻技神采。周颢，字芝岩，号雪樵，尧峰山人，晚号髯痴。善绘画，古贤山水、人物画皆工，尤好画竹。他"以画法施之刻竹，合南北宗为一体"，擅长以多种刀法刻画各种题材。其中尤以阴刻山水，掺有南宗画法，最为时人所称道。代表作品有《松壑云泉》、《溪山渔隐》等笔筒。他是中国竹刻史上第一个将南宗画法融入竹刻的艺术家。潘西凤，宁桐冈，号老桐，浙江新昌人。自幼饱学经书，因困顿维扬，才以刻竹为生。他擅长浅刻，随意刮磨而有朴实自然之趣。此外，清代前竹刻大家还有邓孚嘉等。邓氏擅圆雕，又以善刻折枝花卉著称于世。

清代中期以后，贴黄器制作兴盛，竹刻工艺逐渐衰落，代之而起的只有平面的刻画、刻字，竹刻艺人也沦为刻工了。

广陵曲派形成

清代前期，相对稳定的社会环境促进了七弦琴艺术的进一步发展。这一时期，著名琴人辈出，重要琴谱相继刊行，理论方面也有所建树，在江浙一带最为兴盛。最能代表这一时期七弦琴艺术成就的流派是扬州一带的广陵派。

广陵派由明代虞山琴派发展而来，继承了虞山派的传统，人才济

清贴黄海棠式盘

济。清代广陵派首创者徐常遇，是顺治年间扬州人，字二勋，号五山老人。他在传统琴曲的增删发展问题上持慎重态度，认为今人应尽力保留古曲的本来面目。他编有《琴谱指法》一书，收集整理了一些重要的古曲谱，后来经过他的儿子徐祎等人校勘重刻后，更名《澄鉴堂琴谱》，并以此名流传于世，是广陵派最早的琴谱集。广陵派后起者徐祺，也是扬州人，他广泛研究各派乐曲，

清竹雕龙纹尊

编成《五知斋琴谱》8卷，共收录33曲，以虞山派乐曲为主，此谱流传广泛，影响深远，它以记谱精密而著称，旁注中常常写有徐祺加工发展之处和评语，此外还有解题和后记。《五知斋琴谱》编成54年后，才由徐祺之子徐俊在他人协助下于康熙六十一年（1722）刊行。继徐祺之后，广陵派代表人物有吴灯，他是仪征人，主要生活在广陵派鼎盛时期。他编成《自远堂琴谱》12卷，广收曲谱，共82曲，也是广陵派重要谱集。广陵派发展晚期有重要人物秦维瀚，他著有《蕉庵琴谱》，也很值得重视。

　　广陵琴派名家辈出，为推动七弦琴艺术发展作出了重要贡献，并且留下许多很有价值的琴谱，为后代琴家保存了重要的参考资料。

清朝

1671 A.D. 清康熙十年

命修太祖、太宗圣训。

1672 A.D. 清康熙十一年

理学家陆世仪、诗人周亮工死。医学家吴有性死。

1673 A.D. 清康熙十二年

三月，平南王尚可喜请归老辽东，许之，于是撤藩事起。七月，平西王吴三桂、靖南王耿精忠先后请撤藩，皆许之。十一月，吴三桂举兵于云南，称天下都招讨兵马大元帅。

1678 A.D. 清康熙十七年

七月，吴三桂兵围永兴。八月，吴三桂死，大将胡国柱、马宝等自永兴撤回，迎三桂孙世璠于云南嗣位。

1680 A.D. 清康熙十九年

正月，吴氏所据四川成都、保宁、顺庆、潼川等府及旁近之诸县俱失。二月，郑经失海坛及平海屿等处，刘国轩败走厦门，海澄亦失，厦门旋失，国轩与郑经走台湾，至是郑氏数年来在福建沿海之地皆入于清。吴氏失镇远、贵阳等地。

1671 A.D.

弥尔顿发表《复乐园》。

1672 A.D.

英法对荷兰开战。拉辛著悲剧。

1675 A.D.

斯宾诺沙作《伦理学》。牛顿作《光学》。

1676 A.D. 法兰西法国舰队在地中海战胜荷兰与西班牙联合舰队。同年之陆上战争亦在各方面取得胜利。

1678 A.D.

结束第二次战争之尼姆韦根条约于今明两年分别成立。

班扬发表《天路历程》第一部。

1679 A.D.

法国权力如日方中。尼姆韦根条约使用法文以代替拉丁文，亦为创例。法文自此逐渐变成外交上使用之文字，直到近代。

5月，英格兰议会通过"人身保护法案"。

1680 A.D.

帝俄开拓疆土之工作于本世纪中叶已抵达中国东北之黑龙江，且建筑要塞，移民实边。

学僧方以智去世

康熙十年（1671）十月七日，学僧方以智去世。

方以智（1611～1671），字密之，号曼公、浮山愚者等，别号很多。安徽桐城人。方以智年青时与陈贞慧、吴次尾、侯方域等复社名士交往密切，他的诗文、草书都甚为了得。移居南京后，与黄宗羲、顾宪成之孙顾呆等来往。后来，受阉党阮大铖迫害而流亡岭南，与王夫之为知交。清兵南下后，他在梧州削发为僧，后来返回故乡，又至金陵，潜心著述。

方以智是精通自然科学和社会科学、学贯中西和古今的杰出思想家。他才华横溢，年青时即通经史百家，崇祯十四年（1641）撰成《通雅》，两年后作《物理小识》。现存《浮山前集》、《浮山后集》以及史学、音韵学、医学著作等约400多万字，见之书目而著作佚失的另有100多件，可见其著述的宏富。

方以智的前期思想集中体现在《通雅》和《物理小识》中，后期思想则表现在《药地炮庄》中。

他说"盈天地皆物也"，坚持世界的物质统一性。"质测即藏通几"是对其科学哲学观的归纳。他在《通雅》中将学问分为经国治天下的"专言治教"的"宰理"；研究数、律历、音韵、医药等自然科学的质测之学的"物理"；专门讨论事物"至理"的哲学的"通几"。正确地论述了质测与通几，即自然科学与哲学的关系。认为两者互相包含，哲学建立在科学的基础之上。

方以智提出"火"是万物生灭和运动的本原。把"气"这一物质实体与作为"气"的活动状态的"火"联系起来，创立了"气"——"火"一元论。其论证方法与18世纪法国思想家霍尔巴赫在论证物质运动时的方法惊人相似。

方以智进一步丰富和发展了运动发展对立统一的辩证思维。他肯定事物内部有"二"，提出"合二而一"的观点，肯定事物是矛盾的统一体；认为矛盾有主次；认为任何事物在矛盾中，可向相反方向转化，即"处处有交互、则处处可颠倒"。

总之，方以智将自然科学、哲学等众多领域的知识融为一体，将传统的自然科学发展推向了一个新的高峰，是近代科学思想萌芽的先驱者。

方以智像

石岩与雪桥 兰若画 人
都猪作灞桥疆我便道
是天在骑虎疆黄九方且踌
敌整鸟救捍军而功弄牮
方且遁戟去罗之外考莱塾
榷堆顾撤土也是克军作供尔
觉此为之吐遷淮面经九军来
年此彰其不诸遇者曰御滚此人
一日译去石飛犹许

浮滚比先元白书

《树下骑驴图》轴。
方以智绘

伊斯兰四大门宦形成

　　清前期的伊斯兰教发展与明代大不相同，从内部状态来说，随着经济的发展和穆斯林的阶级分化，形成了中国所特有的门宦制度，教派之争激烈。

　　明清之际，西北穆斯林地区农业、手工业及畜牧业的发展加剧了阶级分化，伊斯兰教各派的教长和上层人士私人财富剧增，成为地主富豪；同时，苏非派传入中国，打破了尊古派"格底木"一统天下的格局，该派创始人利用苏非派的神秘主义和顺从、克己等说教，成为至高无上的教主，这两种情

新疆喀什阿巴伙加玛扎，17世纪始建。

設

况的结合，便产生了中国的门宦制度。这种门宦制度其实是扩大了的教坊制，其特点是各门宦教主兼宗教领袖和大地主，形成高门世家，教权世袭，具有各种封建特权，上有教主，下有清真寺，组织严密。各清真寺教长由教主任命，上下是绝对隶属关系，教徒必须服从和崇拜教主，并在教主死后建造坟冢，顶礼膜拜。

清初伊斯兰地区形成四大门宦：一是虎非耶，该派低声念经祈祷，分布在甘、宁、青、新疆地区，其基本特点是既诚信伊斯兰教基本信条和经典，又主张在繁华的现世中用闹中取静的办法进行修道。此门宦中教徒最多的有花寺、穆夫提、北庄和胡门几个支系，他们都参加过反清斗争。二是格底林耶，它是苏非派一个大教团，其下分为大拱北门宦、香源堂、阿门、七门、韭菜坪几个支系。大拱北门宦力主静修、参悟，清规严格，教徒要自食其力，努力耕作或行医济世，信义高于一切，失去信义即失去信徒资格。三是哲赫忍耶，它是我国伊斯兰教各门宦中人数最多、传播地区较广、教权较集中、流传时间最长的门宦之一，主张高声念诵赞词。它的创建者是马明心，在教义上，他宣传"提着血衣前进"的精神，即殉道的观念，主张教徒抛弃屈从现实、隐忍苟活的怯弱态度，为改变苦难而斗争，这对反清起义具有鼓舞作用，因而马明心得到众多教民拥护，树立了极高的威信。从第三代教主马达天开始，开创了子孙相传的教权制，宗教财产集中于掌教家庭，神权和财权相结合，教徒应朝拜教主的墓地。四是库不林耶，它是苏非派的支系，主张静修参悟，住山洞，一日一餐，念《古兰经》、《卯路提》、《满丹夜合》，该教教权松弛，以传转《古兰经》为亡人赎罪，举行殡仪时不脱鞋。

由于清廷实行镇压和分化相结合的宗教民族政策，各教派之间相互争夺教徒和地盘，伊斯兰教在清中叶后受到挫折而走向衰落。

清朝起居注保存大量珍贵史料

起居注的记史形式始于西汉武帝时的《禁中起居注》，专记帝王言行，兼及朝政大事，日复一日，从不间断。但清代以前的起居注除3卷《大唐创业起居注》及明代有些零星起居注外，原件大多已散佚，只在《隋书》、《旧唐书》及《宋史》等正史中有存目。清代专设起居注馆（或称起居注公署、起居注直房、起居注衙门）主其事。清代起居注保存完整，目前已知存世约1万余册。起自康熙十年（1671）九月，迄于宣统二年（1910）十二月，中间亦有所散佚。有满汉两种文本，并有写本与稿本之分。现藏中国第一历史博物馆、台北故宫博物院等。

《罪惟录》成

康熙十一年（1672），《罪惟录》一书写成，由明亡之后明遗民查继佐所著。

查继佐（1601～1676），明亡后开始编纂明史，他花费29年时间，在贫困生活中整理修订了《明史》，在经过数十次的修改之后，最后于1672年完成这本纪传体史书。

这本书有帝纪、志、传，是明遗民所著的最重要、形式上最接近正史的著作。它真实地纪录了明代历史，保存了许多有价值的史料，对今天研究明代历史，留下了珍贵的、可资查考借鉴的东西。但是，书成之后，作者受到庄廷鑨明史狱的牵连。《明史》案是清代康熙年间较大的一次文字狱，其残酷程度史所罕见。因此，作者将其书更名为《罪惟录》。

太极拳形成

清代初年，太极拳形成并逐渐发展成为清代的一大拳系。

太极拳的创始人是河南温县陈家沟陈氏第九世陈王廷。陈王廷是明末武庠生，清初文庠生。明亡后隐居乡里，自造拳术教授弟子儿孙，以后陈家沟人不学外来拳法。

陈氏拳法最早的套路有太祖下南唐、长拳一百零八势，太极拳五路和炮捶两套，另有短打、摺手、撼手、三十六滚跌、金刚十八拿法等。以后陈家沟专演太极拳第一路和炮捶一路，其中陈氏太极拳第一路又演变出杨式太极拳及武氏太极拳。

太极拳的拳理以古代哲学中的太极说、阴阳说为基础，陈王廷著有《拳经总歌》，阐述太极拳的理法和技法，从中可以了解太极拳防身自卫、健体强身等价值。拳理与拳法相结合，使太极拳在清代迅速发展，成为中国最有代表性的武术派系，影响极为深远。

《清实录》逐渐形成

清代所谓修国史，一般泛指纂修实录。每一皇帝登极之后，都把纂修前朝实录视为大典，专设实录馆，由宠信大臣主持修撰，并由皇帝本人审阅钦定。实录修成，按汉、满、蒙三种文字抄成五套，分藏内阁、内廷等处。实录不轻易示人，除了内阁及史馆诸臣，外人不得一见，以示禁秘。

清修纂实录除取材于起居注、日历、时政记外，还要广泛参考国家机关的档案，以及私人史籍、文集、方志、碑志、谱谍等。《清实录》前后十一朝，《满洲实录》8卷；《太祖实录》10卷，《太宗实录》65卷，《世祖实录》144卷，以上四朝实录，屡经重修和校订，其中一个重要原因就是后世对于入关前后历史真相的忌讳与掩饰。如清初，摄政王多尔衮挟持幼主，独揽大权，几乎篡位。顺治朝修《太宗实录》时，多尔衮的权势正炙手可热，因而在实录中夸大他的功劳，掩盖他的罪过。康熙亲政处死鳌拜后修《世祖实录》，便把多尔衮擅权欺君的"罪恶"昭彰于实录中。乾隆朝重修清初四朝实录时，为了称述祖先的开创功德，美化先世的历史形象，又恢复了多尔衮的王号，肯定其开国定鼎的功迹。前后不足90年，实录中关于多尔衮一人的记述就反复变化了三次。

清初四朝实录之外，又有《圣祖实录》300卷，《世宗实录》159卷，《高宗实录》1500卷，《仁宗实录》374卷，《德宗实录》597卷，《宣统政纪》70卷。其中《高宗实录》1500卷是清代历朝实录中卷帙最浩繁的一部。

《清实录》是清代官修史书最重要的成就。它反映了清代政治、经济、军事、民族、文化等方面的整体面貌，也记录了清朝由兴而亡、由盛而衰的历史过程，从中亦可窥见中国封建社会末世的种种景象和道光以后社会矛盾的新变化，具有其他文献所不能替代的历史价值。尽管清代实录因为频繁改动而造成许多缺陷，但它毕竟还是有清代各种史料汇编而成的国史长编，是后世研究清史必不可少的历史资料。

吴三桂起兵·三藩反清

康熙十二年（1673），康熙帝下令撤藩，将吴三桂、耿精忠、尚可喜三藩撤除，将其军权、财政权及用人权收归中央，结束其各拥重兵，自雄一方，尾大不掉的局面。清廷撤藩令下达后，吴三桂极其不快，同年八月，康熙帝命礼部左侍郎折尔肯、翰林院学士兼礼部侍郎傅达礼等前往云南，会同平西王吴三桂及总督、巡抚等，议商布置官兵防地，管理该藩撤兵起行等事。当折尔肯等人到达云南后，吴三桂与其部下吴应麟、吴国贵、高得捷、其婿夏

吴三桂（中）坐像

国相、胡国柱等密谋叛清。同时他安排亲信党羽，严守关隘，严格把持关口，过往人只许进不许出。十一月二十一日，他杀了云南巡抚朱国治，以所部兵力起兵反叛清廷，亮出反叛大旗，云南提督张国柱、贵州提督李本深等将领随之反叛。吴三桂自称天下都招讨兵马大元帅，建国号周，以次年为周王昭武元年，铸钱"利用通宝"，命部属剪辫蓄发，改换汉装，亲自祭奠被他杀死的南明永历帝。军队旗色皆白，步骑皆以白毡为帽，并扣留了折尔肯等大臣。

　　吴三桂命马宝等将率大军从贵州进兵湖广，王屏藩等统领大军由四川伺攻陕西。不久，吴三桂又致书平南王尚可喜、靖南王耿精忠以及贵州、湖南、湖北、陕西、四川等省的熟识将吏，同举叛旗。十二月，吴三桂进驻贵州。这一年吴三桂占领了沅州、常德、衡州、长沙、岳州等地。吴三桂所向无敌，清军因极少准备而节节败退。

　　康熙十三年（1674）三月，靖南王耿精忠收到吴三桂劝其共同反清书信，且看到吴三桂攻克常德、岳州，心中暗喜，决心从叛。三月二十二日，耿精忠据福州叛乱，自称总统兵马大将军，传檄各府县蓄发，改汉装，铸钱"裕民通宝"。一时间，江西、浙江等地响应吴、耿的人越来越多。康熙十五年（1676），吴三桂、郑经部下连陷惠州等府县，耿精忠与吴军联合，阻截清军援救广东。二月二十一日，尚之信派兵包围平南王尚可喜住处，叛依吴三桂，受封招讨大将军，改旗易服。六月，尚、耿与孙延龄力图实现与吴三桂会师江西的计划，至此，三藩之乱业已形成，战火遍及半个中国，一直到康熙二十年（1681），三藩之乱才算平息。

三藩请求撤除

　　康熙十二年（1673）三月，清初四大藩王之一的尚可喜因长子尚之信专横骄恣，上疏请归老辽东。

　　尚可喜，字元吉，祖籍山西洪洞，生于海州卫（辽宁海城）。1634年，尚可喜率部降后金（清），1649年被特封为平南王，镇守广东。他采用幕僚金光之计上疏请归后，三月十二日，康熙帝命议政王大臣、吏、兵诸部确议具奏。康熙帝在吏部、议政王大臣等议下，命尚氏父子尽撤藩兵回籍，该藩下绿旗官兵全部交与广东提督统辖。同年七月，平西王吴三桂、靖南王耿精忠为试探清廷态度，也提出撤藩的请求。当时，三藩不仅有军权，且有独立的财政权、用人权，形成了割据势力。康熙帝为了将天下大权统归中央，果断下令撤藩。

手摇计算机出现

康熙年间，为了康熙帝学习数学和编制《数理精蕴》的需要，制作了一大批数学器具，包括各种立体几何模型、分厘尺、角尺（一种量角器）、矩尺、半圆仪、双半圆仪、画图长方半圆仪、仰角仪、比例规、纳贝尔筹、各种计算尺等等。其中最为重要的是原始手摇计算机。

手摇计算机分为盘式和筹式两大类。盘式的由上下两层圆盘组成，上盘不动，下盘可转动。圆盘分大、小两种，较大的有 12 个，较小的有 10 个，圆盘的个数与可计算的数位数相同。这种计算机可以做算术四则运算，使用方便。筹式计算机包括三种型号，利用梅文鼎总结改革的中国式纳贝尔筹的计算原理制成，可以做开方、乘方运算，计算的最大数字为 12 位数或 10 位数。现存盘式计算机 6 台，筹式的 4 台，均收藏于北京故宫博物院。

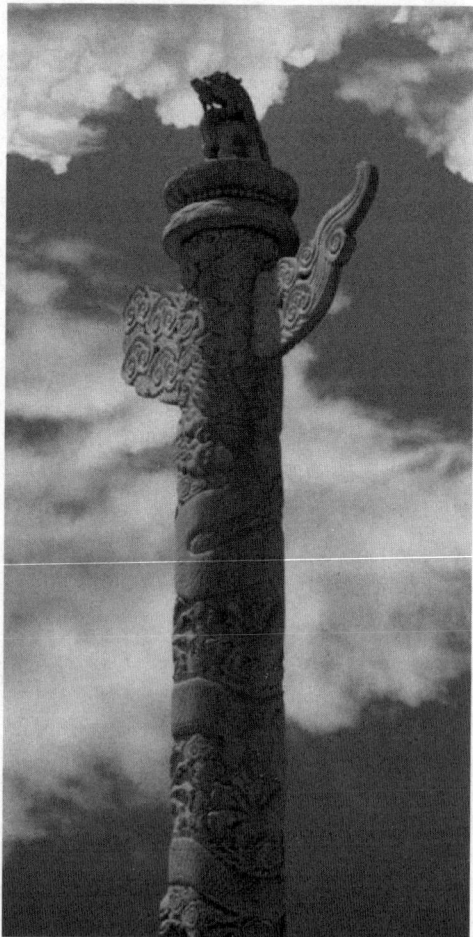

华表，又称"恒表"，本用以表示王者纳谏指路用的标志，后演变成装饰石柱。

手摇计算机的出现，预示着中国的数学成就在当时已走在世界的前列。

所谓朱三太子举事

康熙十二年（1673），杨起隆假借崇祯皇帝三太子之名在京师起义。

杨起隆，一名杨起龙。杨起隆看到佃户和八旗奴仆备受压迫，决定以他们为反清主力。在宗教的掩护下，形成了李柱、黄裁缝等人为主的骨干力量。年底，吴三桂在南方起兵反叛清朝，京师气氛非常紧张。杨起隆的队伍经过一段时间发展，已近千人，"八旗下无家不遍"，杨起隆决定利用这一时机，提前起义。十二月十日，在正黄旗承恩伯周全斌子周公直家中，杨起隆与黄裁缝等30余人秘密商议起义大事。他自称"朱三太子"，建年号"广德"，起义军称"中兴官兵"，定于两日之后的五更时分起事。但是，当日晚因有家仆向其主告发，黄裁缝等4人被捕。接着，周公直也急报正黄旗都统祖承烈。起义军陷入极其危险的境地。杨起隆立即率众起义。十一日，杨起隆在周公直家首先放火为号，起义者纷纷披甲执刃。都统图海、祖承烈亲统大军，包围周家。镶黄旗副都统纪哈里亦亲领官兵往捕。陈益等起事者纵火发兵抵抗，杨起隆率起义战士与清兵展开激烈战斗。杨起隆持刀跃马，率部分战士冲破清军堵截，夺路而走。清军误以为杨起隆仍在周家。因此，被捕者只是数十名起义兵士。

康熙闻知此事，下谕严审黄裁缝，缉拿杨起隆，同时密派清军捕杀了李柱等200余人，京师惶恐，百姓纷纷准备逃往西山。为了安定时局，安抚民心，全力平定吴三桂叛乱，康熙帝接连颁布"抚安百姓"谕，又命令将被捕的起义者凌迟、处斩，赦免其家属。这之后，又有人冒名杨起隆秘密抗清，还有杨起隆的旧部下公开扯义旗举事，不过都被清廷镇压、杀害。康熙二十一年（1682），康熙帝仍然对杨起隆起兵一事存心留意。次年春天，在武官金玉相家中，改名换姓的杨起隆又出现了。有人向清廷告发了他，杨起隆随即又潜逃出去。此后，杨起隆不知所终。

武英殿刻书正式开始

康熙十二年（1673），廷臣奉钦命在武英殿补刻前明经厂旧有的《文献通考》漫漶版片，武英殿刻书正式开始。

武英殿位于北京故宫西华门内北迤。清定都北京之初，曾在北京太和门西廊下设缮刻书房，把《资治通鉴》、《性理精义》、《古文渊鉴》等译成满文刻印。武英殿刻书开始后，康熙十九年（1680）十一月，武英殿又奉旨设立修书处，由内务府王大臣总管。下设兼管司2人，由内务府官员兼任。设正监造员外郎1人，副监造、副内管领各1人，委署主事1人，掌库3人，委署掌库6人。设书作、刷印作。书作管理界划、托裱等职，刷印主管写样、刊刻、刷印、摺配、装订等职。从此，清代钦命、御制、敕撰诸书及正经、正史群书，均由武英殿校定版行。

武英殿所刻印的书被标为"殿本"，具有开本大方、写刻工致、纸张优良、墨色光泽之特点，尤其是乾隆十二年（1747）之殿本，堪称尽善尽美。该殿前后刻书多少已无法统计。仅乾隆朝奉旨开雕的就

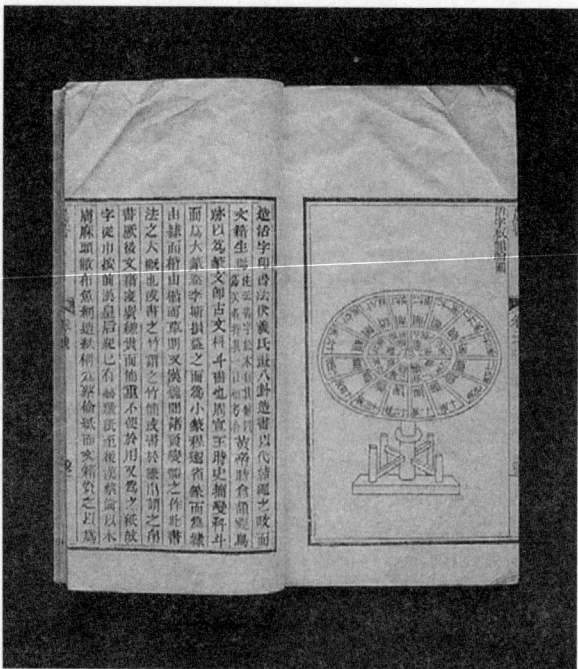

武英殿聚珍版《农书》中的活字版韵轮图

有:《十三经注疏》、《明史》、《二十一史》、《明纪纲目》、《国语解》、"三通"、《相台五经》。此外，武英殿拥有木制活字253500个，排印《武英殿聚珍版》丛书134种。

武英殿刻书在中国雕板印刷史上占有一定的地位，对整理和保存中国古代文化典籍也起了重要的作用。

《武英殿聚珍版程式》中的摆书图

伤寒学派形成

"伤寒"一词屡见于《内经》，后成为外感受热性疾病的总称。东汉末年张仲景著《伤寒论》一书，对伤寒进行辨证论治，成为伤寒病的临床经典著作。后世围绕着《伤寒论》及其所涉及的范围，对伤寒的病因、病机、证治规律进行系统阐发，至明末清初之际，终于形成中医学术史上影响最大的伤寒学派。伤寒学派共产生了数百位名医，伤寒类医著则多达400余种。

晋代王叔和最早对《伤寒论》进行整理、补充和编次，名为《金匮玉函经》，使该著作得以流传下来。王叔和重视治法。唐代孙思邈著《千金翼方》，用以方类证的办法整理《伤寒论》，以利临床检用；以麻黄、桂枝、大青龙汤这三方三法治疗伤寒。

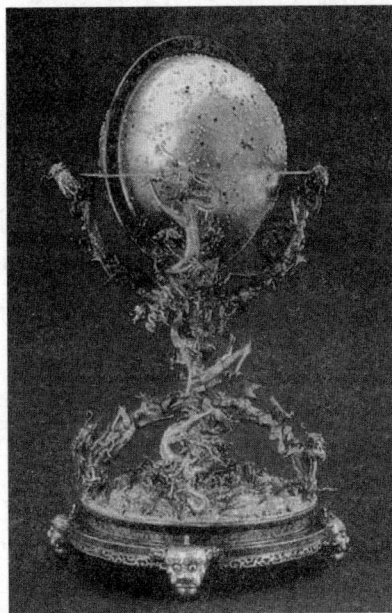
乾隆年间制造的金天球仪

宋代以前，张仲景的医书甚少流传，研究的人也寥寥无几。北宋校正医书局校正印行的《伤寒论》为学者研究提供了定本。朱肱著《伤寒类证活人书》

地平经仪。康熙十二年（1673）造。主要用以测定天体的方位角。

以经络论六经，最先触及了《伤寒论》六经实质这一重要问题。金代成无己著《注解伤寒论》是全面注解《伤寒论》的第一家。成注以释仲景辨证施治的道理，开引经析论，以经解经的研究法之先河。此后一段时间，伤寒病研究处于低潮。

明末，伤寒病流行，研究《伤寒论》的学者渐次增多。明末方有执重订编次《伤寒论》，著《伤寒论条辨》，创立错简重订派。清初喻嘉言（喻昌）在方有执的基础上创"三纲鼎立说"，以"冬月伤寒"为大纲，订正伤寒397法。和之者有张璐、程应旄、章楠、周扬俊、黄元御等，并称为错简重订派。同时期，以张遂辰及其弟子张志聪、张锡驹，以及清代陈修园（念祖）等人为代表，认为旧本《伤寒论》不能随意改订，被称为"维护旧论派"。

清代柯琴（韵伯）著《伤寒来苏集》，尤怡著《伤寒贯珠集》，徐大椿（灵胎）著《伤寒论类方》等，则属辨证论治派。辨证论治又有许多支派：柯韵伯、沈明宗、包诚等人主张分经类证；徐大椿主张据方分证，方以类从，方不分经。钱黄和尤在泾则主张以法类证。

清末民初，在临床治疗上又有时方派与经方派之分：时方派主张临证处方，择善而从，故而能随机应变，自创新方；经方派则谨遵张仲景原方、原量及服法。时方派人数占优，而病人多从之；经方派与风气相左，在理论上较少发挥，然于实践则有独到之处，故而亦占有一席之地。

伤寒学派的各种学术观点争奇斗艳，在清代达到高潮。这些观点从不同角度对《伤寒论》的理论构成、六经实质、辨证方法、论治精髓等进行讨论，从而活跃了医家辨证论治的思路，大大提高了中医临证水平。

南怀仁建新仪器

明末清初守旧和革新两种天文学体系的不断较量，胜败时有反复。直到康熙八年（1669），守旧势力完全失败，清政府废大统与回回二法，重新采纳《新法历书》体系。南怀仁对此起到了十分重要的作用。康熙八年初，清政府任命南怀仁为钦天监监副；同年八月，南怀仁上疏请改制新的天文仪器，并呈上新仪器的式样，用以代替大多已毁坏的旧的天文仪器，结果获准。

赤道经纬仪。清康熙十二年（1673）造。主要用以测定太阳时，天体的赤经差和赤纬。

康熙十二年（1673），按南怀仁所绘图样所造的6台天文仪器赤道经纬仪、黄道经纬仪、地平经仪、地平纬仪、纪限仪与天体仪全部完成，放置于清观象台上。由于其时历法已采用了欧洲体制，用了360°制和60进位制，这些天文仪器也一律改用了新体制。南怀仁还写出以上仪器原理及其使用方法的说明《灵台仪象志》呈给皇帝，后被提升为钦天监监正。

赤道经纬仪类似于古代浑天仪，功能也大致相同，主要是作恒星位置相对测量和真太阳时测量的。但它刻度是新制且较精密，在结构上与传统仪器也稍

清康熙十二年（1673）造纪限仪（即六分仪）。

151

有不同，如中间极轴上不安装望筒，在固定的赤道环上和可转动的赤经环上各有四个游表，以游表上的缝与极轴、天体在一个平面上为对中目标，并在卯酉面上通过南天极装有半环，使仪器赤道有四个支撑点以防止赤道变形。

黄道经纬仪外形和赤道经纬仪相像，最主要的测量功能是作天体黄道坐标的相对测量和各节气的官度，也有负圈附件用在测量在黄道上的天体。

地平经仪和地平纬仪外形完全欧洲风格，但有纯中国化的龙装饰，其功能和郭守敬所制简仪附属的立运仪相同。但其分成功能单一的两仪，不够紧凑。

纪限仪测量两个天体之间角距，还能量日月及晕的直径，纯属西方天文仪器。

天体仪在中国古代称浑象，可以模拟天体运动，演示不同时间的天象，造型为直径6尺的大铜球上布满大小不同的铜星，表示肉眼所见亮暗不等的恒星。

南怀仁的天文仪器的制成再一次显示出清代天文学从大的格局上仍然处在传统天文学的框架中。